闘って、人生を得よ！

田島清
TAJIMA Kiyoshi

文芸社

はじめに

私は会社勤めを一年で辞めて高校の化学の教師になった。

最初の学校では、公立高校の受験に失敗したが新しい希望、目標に向かってチャレンジしている生徒と、失敗したことで目的、目標を見失った生徒がおり、後者は校則を守らず、その指導に我々教師は難渋した。そこで私は基本的なルールを守り、理不尽なことはするな、と厳しく指導した結果、一年後には見違えるように成長した。その時、私との関わりで生徒達の人生が変わるかも知れないと思うと、日々の生徒達との関係や対応はおろそかにできないと痛感した。


十八年後、高校教師から公立中学校の教師となった。

最初の中学校は当時、県下でも有名な超問題校で指導に毎日難渋し、私の力量では指導困難と学校を辞める決心をしたが、妻の激励により視点を変えて問題の解決に再度挑戦した。高校では気が付かなかったが、視点を変えてみると、中学校では地域環境と家庭環境、学校環境に多くの問題があると理解できるようになった。

注意、叱責されると恥ずかしいとか怖いと思っているプライドの高い生徒は何回か指導しているうちに改心する者が多いが、超問題児の指導は非常に難しい。そのような生徒を多く指導していているうちに一度の指導で改心させることができないと気が付いた。指導のチャンスは、その子の長所、短所が理解できるまで気長に待つこと、そしてそれができるように我慢強くなったのが私の成長でもある。超問題児は無知による行動ではなく、甘え、我がままで、自分の意見を通すための親、先生、社会に対する反抗の行動である。

そして生徒を指導していているうちに、長く荒廃した学校の実態が、金銭せびりが原因であると理解できるようになった。荒廃した学校は先輩から後輩へ、金銭せびりがしっかり受け継がれていた。これを解決するため、初めは生徒達の強い抵抗もあったが、保護者が理解し多くの協力を得て、紆余曲折はあったが私の真意を理解し、学校改革は結実した。

また、先生方を悩ました情緒不安定の生徒達にも過ちを理解させることによって、自我を取り戻し、互いに切磋琢磨させて成長していき、自信を取り戻し、相手を思いやる気持ちが芽生え、信頼関係を築けた。信頼関係なくして学校改革はできるものではない！

指導の過程で痛感したのは、生徒個々の持つ才能を認め発揮させることが最高の指導である。そのため、勉強しなさいと何度も言う教師は駄目だと思っているが、私の力量不足で指導に万策尽きて勉強しなさいと言ったこともあったが、これは私の言い訳であろう。

第5章　県下でも「ウワサ」の中学校へ……175

第6章　いろいろな子供に、いろいろな家族

第1章

始まりは高校教師

決意新たに

私は二十五歳で私立高校の化学教師になった。

この高校には公立高校入試に失敗して自信、プライドを失い、学習意欲、スポーツ意欲もない生徒達が在籍していた。

私が担当する化学教室はベニヤ板を張り付けた実験台に、中学校にも劣る薬品と太いクジラのアバラ骨の一本が教室を占領していた。よく確かめないで、このような学校に来たことを後悔した。

在校生二千名余り、全体集合を呼びかけて集まるのに二十分以上も要した。学習意欲もなく、授業が理解できないと私語、悪戯、居眠り、午後になると逃げる者、喫煙、服装違反等々で、毎日のように生活指導に追われた。このようなことは許さないと注意し、叱責し、体罰をしてでも改めさせようと努力して約束させても、信頼関係も勉強する気力もない者は約束を守らない。

これで高い学費を取っては生徒、親に申し訳ない。教える自信もないので辞める決意をし、

教頭に辞職を申し出た。教頭は驚き、
「田島先生に今辞められては困る。先生の要望はできるだけ受け入れる」
と哀願されて思いとどまった。

そして、教壇に立つことになった。四十八名の生徒達に私の持っている、すべてを教える覚悟で厳しく、厳しく対応した。遅刻、逃げ、無断欠席、教授中の私語は絶対に許さないと厳命した。

そんなある日、教室の清掃活動をしていた。ほこりが、もうもうと立ち込めているので、「どうして水を撒かないのか」と注意した。「水を撒くバケツがない」と言い張った。私が近くにあるコーラのビンで水を撒いた。皆、黙って見ていた。

また、トイレの清掃当番の者が早々と「終わりました」と来た。小便器は五、六名の者が同時に用をたせるようコンクリートでできている。しかし詰まって小便が外に溢れ出て、更に蛆虫が浮いている。それにもかかわらず水を撒いたので便器から蛆虫が水に浮いて外に溢れ出し、靴にまとわりつくので安心して小便ができないのに「終わりました」と言う。私が近くにある小枝を取り、蛆虫が浮いて詰まっている原因をつついて探していると、生徒達は驚き、私と同じようにワイシャツの袖をまくり上げて両手を小便器に入れた。腕に蛆虫がまとわり付くが誰も取ろうとしなかった。

そのような指導が毎日のように続いた。それでも今までの自分の体験から、人は努力すればある程度のことはできると、生徒達の成長を期待し続けた、頑張れ、頑張れと。

すると、そのうち彼らの心に変化が起こり、信頼関係が芽生えてきたのか、清掃活動、学校行事等々も、私が監督しなくても生徒達が率先して自分達でやるようになった。遅刻、逃げる者、無断欠席がなく、授業を静かに聞く雰囲気になり、クラスは見違えるように変容した。

先生方から試験監督も要らないクラスと噂になった。「本校にそのようなクラスがあるのか」と私に代わって試験監督したいという先生が来た。そして新聞紙に沢山の穴を開け新聞を読む振りをして不審な行動はないかと様子を見たが、カンニングする様子がない。どのような指導をしたのか、と先生方の話題になった。

このように正面から生徒達に接していれば、ある程度成功すると思った。

〔このクラスの三年に持ち上がりを期待していたが、逆にもう私が教えることはないのでそれはなくなった。卒業後、このクラスの二十五、六名が、医者、地方公務員、会社の役員、幼稚園の先生、小学校・中学校・高校の教師になったという〕

生徒と共に

新入生歓迎陸上競技大会が開催された。

選手に選ばれるのは誇りであり、その者達の走る、跳ぶ、投げるなどの奮闘を見て応援合戦は熱気を帯びていた。

そして自信のある先生方も競技に参加し、４×２００ｍリレーに挑戦した。その走りを見て私は「真剣に走ればいいのに」と、クラスの生徒達に言った。すると、「先生、自分は走らないで、そんなことを言っては駄目ですよ」と言うのだ。ムカッとして反論しようと思ったが、問題傾向の女生徒であるので止めた。

（自分も競技に参加して彼女を納得させるしかない！）

そこで十月の体育祭で走ることにしたが、リレーのメンバーに入れてくれないので１００ｍ走に挑戦することにし、生徒達に１００ｍに９コースを設定するようにお願いした。

生徒達は「９コースは誰が走るというのだ？」と言う。私が走ると分かると、

「先生が走る‼」

皆、驚いて騒ぎ始めた。

「先生が？」

「そうだ」

無理もない。部活動の顧問は卓球部の副顧問、しかも生徒達についていけない。グラウンドに出て陸上競技の練習をしているわけでもない。

１００ｍ走には県下でも優秀な者達がいる。その者達に挑戦する私に注目が集まった。

自信はあるが走ってみないと分からない!!

ピストルの音で１００ｍのスタート。20～30ｍほどで生徒達の足音が応援の音に消されて聞えなくなった。たぶん、私が４～５ｍ先を走っていたが、追い込まれて胸の差でテープを切った。接戦にしばらく応援合戦が鳴りやまなかった。

音楽の友利明文先生に呼び止められた。「田島先生、ここまで足音が聞えたよ」と称賛された。

四月の新入生歓迎陸上競技大会の時に、「先生、自分は走らないでヒトを批判するのは駄目だ」と言った彼女が「先生、ごめんなさい」と謝りに来た。その時、教師は自分の教科以外の特技（音楽、踊り、バスケットボール、バレーボール、テニス等々）をもって生徒達を感動させることによって信頼関係も生まれるのではないかと思った。

四十歳の時に生徒達と陸上の練習をしていたら、男生徒に呼び止められた。

「先生はホラフキだ」

「なんで先生がホラフキか！」

「皆、言っているよ‼」

「馬鹿なことを言うな、聞えるのは君の声だけだ」

「皆、言っているのに」

「先生がホラフキでないことを証明するにはどうしたらいい？」

「新聞に出たら認めるよ」

「お前は馬鹿だ。実物を毎日見ていても分からないで新聞に出たら認める、と。君みたいの者は本当に馬鹿だ」

　私はそう怒った。

　その時、世界マスターズ陸上競技大会に日本代表としてニュージーランドに行くことになっていたので新聞の取材を受けた。新聞に掲載された試合の結果は、三段跳び二位、走り幅跳び三位であった。

　彼が「スミマセンでした」と詫びに来た。今では彼は県会議員になっている。

本音で対決

次第に進学率が七〇～八〇%となると、同じように教えても理解しない、同じような冗談を言っても笑わない。何が原因で生徒達が変わったのか、生徒達と部活動などで長く長く関わって確かめてみたいと、体育教師の家内に相談して学校近くに住まいを移した。

私立高校教師になって、遅刻生が多いのに驚いた。県下から通学してくるから仕方がないと思っていた。しかし、遅刻生を観察して分かったことは、距離が遠い、近いの問題ではない。

遅刻すると、一日の大事なスケジュールが分からないので、他の生徒達の行動を見てから行動する。そのような者は、学習する気力もないので、注意散漫で私語、居眠り等で注意を受ける。それによってクラスの雰囲気が悪くなる。この者を見て、皆、気が緩み緊張感を失う。また、他の生徒が遅刻した際に注意しても、遅刻常習者と比較してあの者に比べたら自分はまだまだよいと、遅刻を反省しないで反抗、反発する者もいる。

そのようなことが積み重なって生徒達と教師の信頼関係を損なうことになる。常習者の遅刻生の生活習慣を知るようになった時から校則を守るように厳しく指導した。

今まで、毎日毎日遅刻してくる上村くんが、皆が授業に集中しているところへガラガラと入室してきた。授業を中断していつも説教し、私も生徒達も不愉快になる。彼は一年次、二年次の先生方は謝れば許してくれたのに三年次になってしつこい、嫌な奴に出会った、と思っている。決して反省はしない。

高校生になってこのレベルの考えであれば、これ以上付き合っていたら、やる気のある生徒にも精神衛生に悪いので、彼に進路変更させることにした。いつも叱責、説教していたが、今日は彼の耳元で静かな口調でささやいた。

「帰りなさい」

彼はムカッとして、

「なんで帰らないといけない」

「今まで、君が遅刻を反省するのを期待していたが、残念だけど高校生の君にこれ以上教えるものは持ち合わせていない。帰りなさい」

「親は遅刻してもいいから学校に行きなさいと言っている」

「帰りなさい」

「高い学費を出しているのに!!」

「今までかかった高い学費は全部、先生が弁償するから帰りなさい」

そして明日、親に学校へ来るよう忠告した。大声で泣き出した。無視して授業を始めようとすると、女生徒が、

「先生、そんなに強く殴らなくてもいいでしょう！」

くってかかってきた（泣いている者は後列、彼女は前列）。

「先生は叩いてない!!」

「ウソだ、あんなに痛いと泣いているのに……」

結局、叩いてないと何度言っても聞かない。

「君達も知っているように、高校生にもなって遅刻を改めるよう指導しても改めない者に、これ以上指導できないので進路変更しなさい、と言ったのだ!!」

彼女から信じられない言葉が返ってきた。

「聞くまで言えばいいでしょう」

「彼に今まで何回注意した！　三十回だぞ」

「先生、三十回言って聞かなければ五十回、百回言えばいいでしょう」

「百回!!」

（顔を真っ赤にして興奮して私の指導に抗議しているが、彼女が情けなく哀れに見えてきた）

「君達が、公立高校受験に失敗して私立高校に進学したのは、負けてたまるか、再度挑戦だと思っていると期待したら、高校生の自覚もプライドもなく我がままをして遅刻を繰り返す。叱責、説教されると、反省もしないで遅刻を改めるまで何回でも言え、他のクラスは謝れば許しているのにしつこい嫌な奴に出会った、と反抗しているだろう。そのような生き方では、また失敗するし、他の者に迷惑になる。君達はクラスメイトとして、彼に遅刻をすると勉強も遅れるし、先生も怒っているし、明日からは早く来いと注意すべきではないか？　先生が君達に厳しく校則を守るように注意しているのは、自分の人生を振り返って一生懸命に頑張れば君達が今描いている夢も叶うのではないかと思うからだ。君達が、受験に失敗したのは自分に甘え、努力が足りなかったのか、選択が間違っていたのか、運が悪かったからだ。頭の善し悪しの問題ではないのだ。二度と同じ失敗はしないぞと一生懸命に頑張っている者を見ると、先生もできるだけのことをしてあげよう努力としているのに、高校生としての自覚もなく、ヒネクレて、聞くまで何度でも言え、高い学費を出している、先生は自分達のために働くのが当然だ、と思って感謝の気持ちもない者に教える気もないので、親と相談して、先生の指導に従えない者は進路変更しなさい!!」

そして再度「君達が今まで出した高い学費は先生が弁償する」と告げた。

次の日、教室に足を一歩踏み入れて皆が自習している姿に驚いた。

その事件を境に私の説教も少なくなり、クラスの雰囲気もよくなった。諸活動も自主的に取り組むようになり、監督も無用になった。

私のクラスになると、一年次、二年次には遅刻の常習者、授業を逃げる者、怠けの欠席者、授業中の私語等々を、生徒達が改めるまでしつこく付きまとい許さないので、付いたあだ名が「鬼」「独裁者」。

彼らが仕事に就く時、結婚する時、子供が生まれた時に困らないように叱咤激励したつもりだが、生徒達の評価とは面白いものだと思いつつ我が指導方針をこれからも進めていく決意をした。

ストライキ

「鬼」「独裁者」と呼ばれた私のしつこい指導でも、中には甘え、高校生になっても遅刻を改めない者もいた。

今までは注意、説教されると「スミマセン、次から気を付けます」と言えば許されていたのに、毎日毎日、しつこく遅刻をするなと付きまとう最悪の者に出会った。運が悪かった。頭にくる。こんな先生に絶対に負けるものか、と思っている者は指導が非常に難しい。

反抗すると体罰をしてでもそれを改めさせて、彼の才能を引き出そうとしていると、お互いに向いている方向が違うので、若い教師（私）は指導に難渋した。

毎日朝から「遅刻をするな」と怒っていると生徒達も不愉快な思いをしているだろうし、高校生になっても遅刻して皆に迷惑を掛けている者は恥ずかしさもプライドもなく、学習意欲もなく授業の邪魔をするので、これ以上指導することはできないため「退学処分」にすることにした。この者は学校の評判を落としている者である。

今日もいつものように遅刻してきた。

理科職員室でのこと、方針変更させると決めてあるので、叱責、説教もせず、そこに座っているように指示して、教材研究をしていると突然、右腕にパンチを繰り出してきた。何が起こっているのかと戸惑っていると、隣の先生が驚いて背後から彼を押さえて止めた。

「この馬鹿者が！」

ビンタを二、三発して注意も指導もせず家に帰した。

その時、彼は退学になると、どうせ退学になるなら道連れにしてやると思ったのか、「自分が田島先生を殴っていたら背後から山田先生に止められた」とは言わないで、「山田先生に押さえられて田島に殴られた」と言った。

日頃から、私の厳しい指導に不平不満のある者が私の弱みを握ったと思い、私を辞めさせろと騒ぎ立てた。全校生徒二千名余りのうち三年生の男生徒が中心に七百～八百名の者が授業をボイコット、土手に集まってバケツを叩き気勢を上げて騒ぎ立て収拾がつかない。

二、三日もすれば収まると思っていたら益々盛り上がっている。困ったことに、彼らと長く付き合ってみたいと思い、住まいを学校近くに移したのだが、彼らに家に押し掛けられたら隣近所に迷惑になるので、毎日、校長室に陣取っていた。校長室に押し掛けて「田島を辞めさせろ！」と連日気勢を上げているが、校長、教頭、八十名余りの先生方は誰も対応しない、できないのだ。

十日ほどして、家内に、

「このような馬鹿どもに付き合っていられないので辞めたい!!」

と言うと、体育教師の家内は、

「間違っているのは、誰？」

「馬鹿なことを言いな!!」

クリスチャンの家内は、

「駄目よ駄目。あなたが辞めたら誰が彼らを指導するの。あの子を指導できるのはあなたしかいない」

「……そうだな、君の言うとおりだ」

八十名余りの先生方のうちで一人だけ厳しく指導をしていたら、このような事態が予想されていたのに。飽きもしないで毎日毎日、頑張れ、頑張ればできると叱咤激励しても、聞きたくもない、同じことを言うな、行く手を阻む嫌な奴と思っているのだ。

自分が蒔いた種は自分で刈り取ることにした。

意を決して、この騒ぎの発端である彼の母親に会って事情を説明した。

「あなたの息子は遅刻をするなと何回注意しても聞かない。遅刻して他の者に迷惑になっているのに恥とかプライドもない。授業中もやる気がないので私語か、居眠りをしています。このままでは学校から得るものはありません。お母さんが苦労して学校を出しているとは思わないので辞めさせたいと思います」

借家で六畳一間に住んで息子のために頑張っている母親は非常に驚き、

「先生、息子は私の生き甲斐で、今の世の中、高校程度の学歴がないとよい職にもつけません。もう一度チャンスをください」

と頭を下げ泣いている。二人は喫茶店で対峙した。

「お前、お母さんがあんなに苦労して高い学費を出して高校程度の勉強をさせたいと頑張っているのに、怠けて恥ずかしくないか？　学校を辞めて仕事をしたらどうだ？　しかし、今のように遅刻していれば仕事にならない。首になる」

「先生、学校は辞めたくありません!!」

「お前な、自分で今、何をしているか分かっているのか？　嘘をついて、皆をストライキに駆り立てた。座っている先生に暴行をしたのは君ではないか。その原因はすべて君の我がままにある。だらしのない君の生活習慣にすべての原因が！　君を見て地域の人達は問題校だと皆思っている。君を生き甲斐にしているお母さんも君の不甲斐なさに泣いているではないか」

反抗すると思ったら自分のしでかした事態に動揺している。

「皆に、嘘をついて悪かったと謝れ!!」

「言えない、死んでも言えない。どうしていいのか分からない」
「お前、本当に馬鹿だ。自分がしていることが後でどうなるか考えることができないのか？先生が教える。明日、ストライキしている連中のところには行かないで、自分の席に座っていなさい。いいか、ここで逃げたら責任は君にとってもらうからな」

席に着くことが皆を裏切ることになると思ったら最悪の事態になるが……一抹の不安はあったが、彼は勇気を出して教室へ戻った。

バケツを叩き、気勢を上げ、「田島を辞めさせろ」と騒いでいた七百～八百名の連中はストライキの中心がいなくなり、烏合の衆は潮が引くようにクラスへ帰った。元々信念があって始めたストライキではないので、今度は自分達が責任を問われると思い、「保身」に走ったのだろう。

ストライキのことについては一言も触れずに授業を始めた。皆、神妙な態度で授業を受けるようになった。彼の遅刻、授業態度も改善してクラスは成長した。

その後、校長、教頭、先生方からストライキについて話題になることはなかった。

私の人生においても思い出の一コマだが、この事件が私を更に成長させたかな。

二十五歳の再起

彼は、県立高校を中退して実社会で働いてみたが自分の思い描いた人生とは違い、世間の厳しさを思い知らされ、己の考えが甘かったことに気付き、夢を叶えるために恥を忍んで一回りも違う年の者達と学ぶことになった。

彼が高校を中退したのは、病気であったとか、先生、親と折り合いが悪かっとか、暴走族、暴力団であったとか、噂は踊った。我々教師は、年の違う者達と再度学びに来るからには覚悟を決めてくるので、皆の手本になるのではないか期待した。

勉強も部活動等々も頑張っていたが、月日が経つにつれて彼の言動、服装に変化が現れてきた。実社会の厳しさを思い知らされて恥を忍んで学びに来たのに、昔の遊び癖が出た。それが表面化したのは夏休み明けであった。彼の間借りの部屋で男女が集まって飲酒、喫煙をして夜遅くまで騒いでいると、地域住民から苦情が来た。

人の心とは弱いものだ。世の中の厳しさを体験し、恥を忍んで生き方を変えるために決意してきたのに……自分を裏切るとは。

校則違反したので、保護者と共に教育相談を受けるという、高校生と同じ扱いをした。「二度と悪さをしません」と約束をするが、心は穏やかではいられなかっただろう。ほとぼりが冷めると同じことを繰り返す。再三教育相談を受けさせたが改善する様子が全くないので、担任は「指導の限界だ。退学処分だ」と息巻いた。

担任が怒るのも無理ないが、彼が今まで歩んできた人生を思うと、ここでまた挫折させることはできない。全校生徒が彼の振舞いに興味、関心を寄せているので、悪さで退学にさせてはならないが……。

三年次には私が担任するので彼にもう一度チャンスをくれないか、と若い担任に提案した。

「先生が預かるということであれば、もう少し頑張ってみます」

若い担任は快く提案を受け入れてくれた。

職員会議で初めて普通科に男子クラスの編成を提案した。男子生徒に問題傾向の者が多いので、試験的にまとめて面倒を見るというものだ。

そして彼は私のクラスになった。

私の評判は、決して甘え、我がままを許さない、厳しい教師と思われていた。生徒達は二年次までの生活態度とは変わって遅刻をしたり、逃げたり、無断欠席はしない。授業中、私語する者がいない。私の出方を探っているのか、クラスは平穏を保っていた。

〔当時の私のあだ名は生徒間では鬼、自分では仏の田島だと思っていたのに……〕

家庭訪問の時が来た（当時、高校にも家庭訪問があった）。彼を抜かして四十七名の者の日程の割り振りをした。

彼が大きなスイカを土産に持って我が家を訪ねて、「先生、私の家庭訪問はいつしますか？」と聞くのだ。

「日程の割り振りをした時、私が日程から抜けています。聞く勇気がさすがになかった……」

プライドが許さなかったのだ。指導のチャンスだと直感した。

「君の家庭訪問はできない。君の親に家庭訪問に来ましたと言えるか？　君の年にもなると子供が二、三人いても不思議ではない。今日からは帰宅後はタバコを吸っても、酒を飲んでも、結婚してもいい。先生方、生徒達から不満が出れば先生がすべての責任をとる。しかし、家を出たら校則を守れ。校則が守れないと君は学校にいられない」

大人としての自覚と覚悟を促し自己管理を任せた。私の警告が理解できなければ、残念だけど進路変更させるしか……。

彼は昨日までの服装違反を改め、新しい制服に身を包み、緊張した面持ちで私を迎えてくれた。彼の変容によってクラスの雰囲気はすっかり変わった。

生徒、先生方が彼の態度の変化にいろいろと憶測した。先輩教師が「厳しい体罰をしたのか？」と聞いてきた。

当時は家庭でも学校でも体罰がまかり通っていた時代である。私も指導する時は、言い訳をしたり、嘘をついたり、反省した振りをして騙して同じようなことを二度三度繰り返したり、悪さを反省しないで反抗、反発すると、ビンタを張ったりゲンコツをして、反省を促していた。

しかし、体罰（対処療法）では超問題児を改心させることは非常に困難であると思っている。私は体罰より強い「心の闇」を罰したと思うので、彼がどのように変容するか非常に興味、関心があった。そして彼は私の期待に見事に応えてくれた。

その日を境に、彼の言動が先生方、生徒達の信頼を得るようになった。自分のやるべき勉強、スポーツに頑張れば認められることに気付き、自信を取り戻した。

彼の改心でクラスも見違えるように変わった。私がクラスの進む方向を示唆すれば彼を中心に事は運んだ。担任が二人いるようになった。

しばらくして「先生、相談ある」と来た。そして「神田には手を出すなよ」と言うのだ。

「君の友達か？」

「ハイ」

彼の友・神田はたぶん暴力団に近いのであろう。

「今はコソ泥かもしれないが、そのまま大人になれば大泥棒になる。そのような者に教えるものは持ち合わせていない。君が友達だと言うのなら即刻学校を辞めるように言いなさい」

その後、神田の言動や服装に変化が表れた。安心した。

卒業後、招待されて改めて家庭訪問した。彼の両親は私と同じ高校教師で話が弾んだ。

「中学、高校生になるまで息子の悪さを改めさせようとするとイチイチ反抗するし、注意、叱責、体罰で改めさせようとしても、ことごとく反抗されて困っていたら、学校でも授業中、私語、居眠り、喫煙、オートバイ、喧嘩等々で呼び出されるし、何度、教育相談したことか。高校二年で退学になり家を出て東京へ行きました。息子が舞い戻ってきて、高校をやり直すと言う。彼の今までの生き様からできるはずがないと思っていたら、本気で先生方にお世話になった。しばらくしたら昔のように呼び出されて、教育相談しても反省した振りをして同じことを繰り返すので限界だと思っていたら、突然変わった‼　どこまで本気か、私達も戸惑っていました。先生との出会いで、こうも人が変わるものかと、今では親子で何でも話し合える仲になりました、どのような教育をしたのですか？」

感謝、感謝され、沢山のお土産をもらって家路についた。卒業後のことである。

甘えと我がまま

彼は、公立高校受験に二度も失敗して一〇〇キロ以上も離れている私立高校に来た。父親が度々我が家を訪れて、「息子を医者にしようと思うのでよろしくお願いします」と言うので、憲一に「親の期待に応えるように頑張れ」と言っても、彼の生活リズムを見ていると、医者になるための目標を立て勉強しているように見えないので厳しく指導することにした。

「憲一、君は医者になるつもりでいるのか？」

「ハイ、医者に絶対になります」と言うので、

「だったら君は人殺しの医者だ」

彼は怒った。

「医者にならないうちから、先生がそんなことを言っていいのか！」

「医者になってからでは手遅れだよ。今でも、三〇～四〇％の誤診があるというのに、勉強しない君はたぶん五〇～六〇％の誤診をするだろう」

彼は更に怒ったが、しばらくしたら生まれ変わったように猛勉強したが、やはり手遅れであっ

た。

不合格が八年も続いた九年目に彼はやっと医学部に合格、三十六歳で念願の医者になった。彼が医者になって大阪の病院に勤めるようになって十年ほどして、彼の故郷を訪ねた。彼は今では村落の羨望の的である。

先輩達が異口同音に言うのだ。「あの甘え、我がまま者がよくも医者になった」と。私は驚いた。彼は「親に一度も甘えたことがない。いつもいつも叱られていた」と言っていたのに、一体これはどういうことか。幼少の頃、甘え、我がままに育てられ、年頃になって自分がやるべき手伝い、勉強を怠けたので親に厳しく叱られ、それが印象に残った。つまり、四、五歳頃のことは記憶にない。

また、親は子供を甘やかし、我がまま、過保護に育て、勉強も手伝いも怠ける原因や習慣をつくったのに気が付かなかったのではないか。

父親の息子をどうしても医師にしたいという強い意志と夢が、紆余曲折はあったが息子を医師にした。彼も苦難に耐えることができて希望の医者になったことは幸いであった。改めて「三つ子の魂百まで」という諺を認識させられた。

お礼参り

卒業判定会の頃になると、私の言動に不満のある者が真夜中にお礼参りに来た。車のフロントガラスにブロックを投げ込み、タイヤをパンクさせ、家にこぶしほどの石を投げ込んだ。それでも気がすまないのか、更にしばらくして、二度目の投石に来た!!　よほど私の言動が許せないのだ。

努力しない者にも単位認定すれば、そのような事件に巻き込まれることはたぶんないと思うが、彼らの能力、才能を信じて「努力してみろ、やればできる」と言い続けてきた……。

彼らは勉強が大嫌いで、親に言われてただ高校卒業の資格を取りに来たのに、勉強しろ、勉強しろとは許せない。甘え、我がまま、校則違反をすると罰せられる。私は自分達の行く手を阻む嫌な奴……となった。

互いの思いが違う方向に向いているので、そこに信頼関係が芽生えるはずがない。年々、お礼参りが大胆になってきた。車に傷つけて家に石を投げ込んだ。私は生徒達に「文句があるならいつでも来なさい。卑怯なことをするな」と言い続けた。一度も警察に被害届を出さず、犯人を探しては、私が日頃、彼らに勉強を頑張れと言い続けている真意が生徒達に伝わらないのか……と心の奥の奥で思っていた（でもいつか伝わる!!）。

お礼参りが四、五年も続くと、家内の母は「身の危険を感じる」と親戚の者に告げていたようだ。また、近所の者が卒業前になると「先生、今年は大丈夫ですか」と心配していた。「流れ弾に当たっては大変だから奥の部屋に寝るようにしてください」とあながち冗談とも言えないことを言った。

被害が十年余りにもなると、これでも懲りないかと更に大胆になってきた。家にまるまるブロックを投げ込んできた。家族に当たっていたらと思うと身震いする。車の被害は新車を買う金額をはるかに超えていたが、生徒達に対する私の指導法を理解しているクリスチャンの家内は一度も文句を言わなかった。

私が下校時間まで関わっていたのは優秀な者達で、問題児達は授業が終わると早々に帰ってしまい、長い時間関わることはできなかったと後々知った。

結局、多くの問題児達を理解できないまま十八年間の高校教師生活は終わった。

■第２章

高校教師から中学教師へ

新天地へ

四十五歳の時、十八年間勤めた高校教師から公立中学校の教師へ勤めを変えることになった。私の生き様（生徒指導法）を知っている同僚が心配して「田島、苦労するぞ」と言った。その中学校は、県下でも超超有名な問題校であると言う。嘘か実《まこと》か、先生方は辞表を片手に勤めているると言うのだ。

自分の目で確かめないと分からないと、新天地の中頭Y中学校へ急いだ。

そこは青空に七色に輝いている海が眼下に見える半島の先にあった。このような美しい環境に育った者達が学校を荒廃させるはずない、と思いつつ……校門をくぐった。左側はグラウンドでサッカーボールが入ったら見えないほど草が生い茂っている。そこから用務員さんのような人が現れた。

「今度、この学校に転勤になった田島ですけど、校長先生は？」

「私が校長です」

校長は「草花を育てて子供達の心を育てる」と言いながら急いで手足を洗い、私を校長室に案内した。

「田島先生は特殊学級の担任になっていますが、経験はありますか？」

私は経験がないので衝撃を受けた。校長も、

「困った。経験のない者に担任させることはできない……」

荒廃した環境

今日から、中学生相手に新しい人生が始まるというのに気が重い。特殊学級の担任はどのような生徒達を相手にするのか、何を教えるのか、予想もつかない。

職員会議で教育計画を見て驚いた。私が今まで気に病んでいた特殊学級の担任から二年一組の担任に変わっていた。心の重荷がとれた。校長と担任を代わってくれた先生に感謝である。そして、後に私を助けてくれる副担任に養護教諭の仲西洋子先生が決まった。

先輩教師に校舎内を案内された。入口は職員用、生徒用と四か所あるが、生徒用の入口の鍵が壊され、鍵の代わりに七~八メートルほどもある太い鎖がついて奥の柱に縛るようになっている。これでは容易に侵入できないが、戸を開閉するたびに鎖の音がガチャガチャと大きな音が響くのだが……。

〔後で聞いた話であるが、夜、鍵を壊して教室に入り酒盛りをする者達がいるというのだ。嘘か実《まこと》か。その者達は警備員を呼び付けて共に酒盛りをしていたと……。断ると嫌がらせをする

ので断れないとか］
靴箱の周りには卒業生が置いていったのか、汚れた靴や片足の靴が散乱している。廊下の壁は落書きのオンパレード。
これから使う教室に足を踏み入れて更に驚いた。落書きは廊下の比ではないのだ。掲示物は放置されているし、机という机は傷だらけ。テストの時には下敷きなしには字が書けない。机に深々と傷を刻む時の生徒達の精神状態を思うと穏やかではいられない。
生徒達と対面しないうちから生徒達の乱れた生活習慣が垣間見られた。噂は本当だったのだ。

対面

始業式の日が来た。

三三五五と集まってくる男生徒達は、髪を茶髪に染め、額は深々と剃りを入れ、眉毛を剃り落とし、ダブダブの変形したズボンに切り詰めた上衣。我が物顔で闊歩してくる姿を見て驚愕した。

そして体育館に入ると、新任教師を睨《ね》め回すようにジロジロと見ている。

新任の教頭の挨拶が終わった。座っている生徒達を取り巻くように立っている先生方からパチパチと拍手が起こった。生徒は一人も拍手する者がいない。

（教頭の話が難しかったのか？）

私は個性的な面々の顔を見て、彼らにも理解できるように、高校教師の時は卓球、バスケット、サッカー、陸上競技の監督をしたが、得意なものは陸上競技である。これから勉強、スポーツに共に頑張っていこう、と挨拶した。

教頭の時と同じように先生方からパチパチと拍手が起こった。二百名余りの生徒は誰も拍手する者がいない。中学生らしくない、心の冷えた態度に肝を冷やした。

私は居直った！

「オイオイ、君達は新任の先生方の歓迎の仕方も知らないのか。今日から三年生は一年間、二年生は二年間、共に勉強、スポーツに頑張ろうと思っているのにその歓迎の仕方は何だ‼　いいか、拍手は手で打つものではないぞ、拍手は心で打つものだ。サァ、打ってみろ」

啖呵を切った。

すると、男生徒達が鋭い怒りの目で下からさぐり上げるように私を睨み返しているではないか。目と目が合った。「小癪な奴だ。勝手は許さん」と目で闘いを挑んでいるのだ。

（この馬鹿者、今に見ておれ必ずや後悔させてやる）

私の心にムラムラと闘争心が沸いた。

こうして始業式から問題児達との闘いが始まった。


一年間共にする我がクラスの二年一組へ。

自己紹介の後、彼らに自己紹介させた。体育館での厳つい出で立ちとは違い、自信がないのか、小さい声でぼそぼそと自己紹介しているようだが聞き取れないので、相手に聞えなければ言わないのと同じ、先生に聞えるように大きな声で話すように厳しく言った。

私の気迫に負けて小さくなった。

そしてクラスの方針を告げた。
・遅刻はするな
・休む時は必ず保護者から電話するように
・逃げは許さない
・今後、服装違反、毛染め、剃りを入れることは絶対に許さない。今違反している者は直す
・授業中の私語は許さない、静かに先生の説明を聞く
それと「全体清掃」をすると告げた。

高校教師時と同じように、生徒達と共に、教室の机、イス、教卓等々すべて外に出して、私が手本を示しながら今までの汚れを石鹸で洗い清めた。

「気分を一新するぞ」と心意気を示した。

荒廃の実態

理科を教えている、一年生、二年生に服装違反、茶髪、剃りを注意すると、「ハイハイ」と言うが改めないと、二度、三度厳しく指導した。すると改めるようになった。

学校を仕切っている三年生は教科も教えてないので、高校入試の内申に私が関係ないと思っているのか、校則違反を注意すると「今までは許されていた」と反抗する。

仕方がないのだ。考えてみれば、違反を注意しても何も変化がないので今まで先生方は指導を諦めていたのに、新入りの私が校則違反だと言っても多勢に無勢、全く歯が立たないのだ。一人として違反を改める者はいない。

反発は日々益々強くなるが止めるわけにいかない。今までの自分の生き様（指導方針）から見ても、教師の役目なのだから。彼らから見れば、今までの先生方は先輩達や自分達の我がままを許していたのに、新任のくせにそれを許さない、嫌な奴となった。

彼らも、高校生の問題児と同じように、校則を嫌い、正しさを嫌い、先生方、親、地域住民に迷惑をかけて喜んでいる姿を見て、指導する気力を失った。

ＰＴＡ主催の謝恩会でのこと。去る先生方は今までの苦労した苦い体験を胸の奥の奥にしまい、楽しそうに思い出を語った。

新任教頭の挨拶後、私と初対面の司会者が、突然、三十秒で挨拶しろと挑んできた。生徒達に「拍手は手で打つものではなく心で打つものだ」と啖呵を切ったり、校則違反をするな、理不尽な目に遭ったら、親、先生方に言え、その者達を許すな、共に闘おうと言い続けている私の態度が気に入らないと見えて……。

「今のようなことは我々の時代にもあった。そのような環境で切磋琢磨して大人になったのだ。何も知らない新任のくせに大きなことを言うなと……私には聞えるが」

外から見ると大変な環境と思っても、ここに住んでいる者達にとっては毎日のこと、住めば都で欠点も利点に見えるのか、その欠点「悪い習慣」「悪い環境」のために、現に高校へ進学できない者がこの中学校には非常に多いのに……。

成長期の子供達にとって学ぶべき時、鍛えるべき時に学ばないと取り返しのつかないことになる。我々教師も毎日、悪い習慣を改めさせるために腹を立て、お互いに心を痛めて勤めることはできない。生徒達の成長を見ながら、怒り、悲しみ、喜びを共有し、感動しながら仕事がしたいのに、この親にこの子ありかと思いつつ、

「今は、眼下には七色に輝く青い海と緑の丘しか見えないが、生徒達の実態は、まだ、十分に理解できない。そのうち実態が見えてくると思います。その時は、その改善のために皆さんの協力よろしくお願いします」

と静かに挨拶した。

そして中学校に勤め始め、いよいよ実態が見えてきた。

給食後の四十五分の休憩時間にもなると、三階の三年生の教室からタバコの吸殻が沢山落ちてくる。急いで駆け上がって行くと見張りがいるのか、何食わぬ顔で教師を迎える。タバコを吸ったのは誰か、吸い殻を投げたのは誰かを追及しても何の解決にもならない。このような状態が日々続いた。

また、教室から体育館までの長い廊下に上級生が一列に並んで、下級生、女生徒が通るのを中腰になってしゃくり上げるように見ているので、「下級生がそこを通るのは勇気がいる。そのようなことはするな」と注意すると、危害を加えていない、先輩達もやっていたと反発する。

しかも女教師は先生ではなく女として見ているので、先生は結婚しているか、子供を産んだことはあるか、その時の気分は……などと言われ、一人で教室にいるのは恐ろしく不安だ、と言う。

しかし我々教師には適切な指導法が見つからない。

三年生が遠くに見えると、一、二年生は頭をペコペコ下げて、先輩達の言うことは何でも聞きます。反抗しません。私をイジメないで、と哀願している態度を見て、学校荒廃の原因がここにあると思い、金銭せびり、イジメ、暴力等々を受けたら、親、先生に告げるように言っても、学校を仕切っているのは三年生で先生には自分達は守れないと思うのが当然である。三年生の力は我々教師の力を遥かに凌いでいるのだ。

今の世の中にここまで荒廃した中学校があるとは夢にも思っていなかったので、心の隙を突かれ危険な闘争状態に益々なってきた。

妻の激励

この学校に転勤が決まった時、先生方は辞表を片手に勤めていると注意されたのに……。その時は、中学生は未熟者、親、先生方の躾を聞くものだと、大の大人が中学生に翻弄されるなんてそんな馬鹿なことがあるものか、と本気にしなかったのに……。何より教育の結果が得られない、指導できない荒廃した中学校にいる自分が許せない。

気が付くと心が萎え窮地に追い込まれていた。精神的、肉体的緊張から弱気になり、家内に学校の状況と指導の成果のないことを話し、「辞めたい」と言った。

クリスチャンの妻は私の愚痴を黙って聞いていたが、その後の言葉は、私の眠っている魂を揺り動かした。

「そのような子供達が好きだったでしょう。あなたが投げ出したら誰がその子供達を指導する？　誰もできないんでしょう」

三年生の男生徒五十名余りの者のうち四十名の者が問題児。多勢に無勢。全く歯が立たない！

「駄目、駄目よ。あなたが投げ出しては……」

十七年間、私立高校に勤め、自分の人生体験から、勉強しなさい、人は頑張ればある程度のことはできる、努力しろ、頑張らないと卒業させない、と生徒達に厳しく指導してきた。面白くない奴、勉強なんて大嫌い、頑張るのを諦めている者は、卒業前になるとお礼参りに来た。車を壊され、家に石、ブロックを投げ込まれ、身に危険があるのに逃げも隠れもしなかった。言いたいこと、文句があるなら、いつでも来い。卑怯な真似はするな、と信念を曲げず闘い続けてきたのに、未熟者の中学生に窮地に追い込まれるとは無念でならない。

妻が言うように縁あってこの中学校に赴任したのに投げ出すわけにはいかない。初めからくみしやすしと対応したことで心の隙をつかれたのだ。問題児達の服装違反、金銭せびり、イジメ、暴力、喫煙、不良交友、深夜徘徊等々で、学習意欲もなく、親、先生方の言うことも聞かず、校則もあってないがごとし。この現実が学校崩壊させているのに、「根本の原因」も理解できず、一つ一つの現象に対してモグラ叩きのような指導では問題解決にならないことに気が付かず、追い詰められるとは情けない。自分の力不足に気付き発想を転換して視点を変えて、再度、問題児達に挑戦する決意をした。

問題の根本

朝会で校長が、お父さん、お母さんの一番の宝物は君達だから、親の躾を守るように。先生方の指導をよく聞き、勉強、スポーツに頑張るように。友達とは仲よくするように、と時間も超えて熱弁をふるった。

朝会後、体育館の入口では四、五名の者がたむろしていた。早く教室に戻るように注意すると、怒って「頭にくる」と息巻いている。

「どうした？」

「言わなくてもいいことをクドクドと頭にくる」

「校長の話か？」

「そうだ!!」

「偉い人にものを教えるのには骨が折れるな……」

「何を言っている」

「君達の態度だよ。君達は校長の話は知っているが、何も理解してないで実行してないから、クドクドと何回も言うんだ。先輩達も君達と同じように、親、先生方の教えを真剣に聞かないでイタイところを突かれて逆上して、学校のガラスを割り、先生方の車に傷をつけ、先生方が困ると敵を取ったと喜ぶ。今日の校長先生の話を考えて改めないと後で困ることになる。先輩達はそのことに気付かなかったのか、または改める勇気がなかったために大人になって後悔している者もいる。君達の今の生き方では自分の才能を発揮することはできない。校長の話を理解するように頑張れ。今よく考えないと後で後悔するぞ」

　皆、いつもは言い返すが黙っていた。


　ある日、公用車の止まる所に新車が止まっていた。来客かと思ったら、毎日毎日止まっているので不思議に思って、事務方に車の主は誰かと尋ねた。事務方は校長室を指差した。「校長の車か」と確かめた。「そうだ」と……。

「校長、校長車の止めるところに移動してください」

　先生方が厳しい指導すると、窓ガラスを割る、車に傷を付けることがあるので、事務方から見えるところに止めるとは……。

　最高責任者のそのような姿勢を問題児が見逃すはずがない。学校が荒れる原因の一つにもなっている。逃げては駄目！　指導者は悪さを改めさせる姿勢を持つ責任がある。

荒廃させている問題の根本を整理してみることにした。
1　遅刻者、給食後逃げる者が多い
2　無断欠席する者が多い
3　チャイムが鳴っても教室に入らず先生が見えてからノロノロと入る
4　基礎、基本が理解できないため、授業が理解できず退屈で、私語、悪戯、居眠り等々が多い
5　諸活動を怠ける
6　服装違反、茶髪にソリ、眉を剃り落としている
7　不良交友、深夜徘徊する
8　金銭せびり、イジメ、暴力等々が多い
9　悪さを見つかると運が悪かったと思い、見つけた先生、罰した先生を逆恨みする
10　玄関の鎖、落書き、机の傷等々、環境が非常に悪い
11　物事を「強いか、弱いか」「ばれるか、ばれないか」で判断している
最大の原因は生徒達と我々教師の信頼関係の欠如であり、更に、保護者との信頼関係の欠如である。

今までの指導法は対処療法で成果はなかった。

悪さをする者が少なければ悪事がばれると恥ずかしいとかプライドも傷つき反省もするが、悪さをする者があまりにも多いため、見つかると運が悪かった思う。注意、叱責、体罰してでも改めさせようとすると、悪さをしているのは僕だけではないのに、罰した先生を恨み、反発、反抗して学校の器物を損壊したり、車に傷をつけて被害に遭った先生が困ると敵を取ったと喜ぶ。

問題児は、何事にも自信がないので、不安、寂しさを紛らわすために徒党を組んで虚勢をはる。しかし一人になると、勇気も、充実感、自信という心の支えがないので不安で、相手に反撃されないよう優しく見せる。その様子を見て、「あの子は一人の時は優しいけど多勢になると狂暴になる」と言う。仲間達には自分は強いぞ、と命懸けの最大のアピールをしているのだ。

また、自分達の悪事が「密告」によってばれると密告した者の被害は計り知れないことになる。周囲の者は、この者達と関わりたくないので、事件を見ても、見ざる、聞かざる、言わざるとなって、我々教師が事件の核心に迫ることは困難である。それをいいことに、学校で我が物顔に振舞っている。

この者達の心に風穴を開けるにはどうしたらいいのか。

物事の判断を「強いか、弱いか」「ばれるか、ばれないか」から「正しいことか、悪いことか」で判断できる生徒達に育てなければならない。我々教師が事件の的確な判断ができず途中で指導をうやむやにして諦めるから先生方は信用できないとなっている。

これが今までの指導の現実だろう。

決意、新たに

妻の忠告に勇気を得て、再度、問題児達に挑戦！　今までのように反撃にあっては困るので、多くの者が納得する範囲内で悪さをした者に少しずつ少しずつ圧力をかける。

三年生は教科も教えてないし高校入試の内申書に関係ないと思っているのか、悪さを指導すると、「分かった分かった」と言っても悪さを改めないので、二度、三度と厳しく指導すると、「他の先生方は許している」と反省もしないで益々反抗するので、改革から外すことにした。

まずは我がクラスを徹底して鍛え上げる。また、教科を教えている一年生、二年生はその都度厳しく指導する。そうすれば、彼らが上級生になった時、改革はある程度成功するのではないかと期待した。

では、「何を」「どのように」に実践すれば改革の目玉をつくることができるか。

この者達は基礎、基本が理解できないから授業が退屈で、私語、悪戯、居眠り等々で先生を困らしている。その悪い習慣が生徒達に定着していることが教師の悩みの種になっている。

授業中、教師の説明を静かに聞かせるには何をすればいいか、日夜考えていた。

思いついたのは「読書活動」であった。自分の好きなことを見たり、聞いたり、読んだりしている時は、誰でも静かに集中している。

（読書で静かに聞く態度を育てよう。しかし、読書活動のために我がままな者達が今より三十分も早く登校するのに同意するだろうか。同意すれば一歩前進だが……）

また、私が最も重要なことと思っているのは教師と生徒達との信頼関係の構築であるが、目に見える改善方法を探した。

思いついたのは修学旅行の時の荷物検査である。

私は、学年会で朝の三十分の読書活動を提案した。先生方は現状を変える手掛かりになるものであれば取り組むべきと、皆、賛成した。

更に生徒指導係にもなっているので、来年の修学旅行の荷物検査を実施しないことも併せて提案した。抵抗にあうと思っていたが来年のことであるので、先生方は深く考えないで、皆、賛成した。

読書活動への取り組み

読書活動は絶対に成功しなければならないので、どうしても保護者の協力が要る。

二度目の家庭訪問へ。生徒達は私と親が頻りに読書活動に参加を勧めるので、本音は読書が嫌いなのに断りきれず、三十名が渋々読書活動に賛成した。

川上和彦は、朝早く起きるのも苦手、読書は大嫌いだと、母親と私の必死の説得にも負けず絶対に参加しないと言い張った。自分の説得力のなさに出鼻をくじかれて失望した。

三十名の読書活動が始まった。私は早く登校して皆を迎えることにした。読書の三十分間、私語は絶対に許さなかった。

私が休む時は副担任に協力を求めた。副担任は私の心意気を理解して協力してくれた。感謝である。

他のクラスは生徒任せにしたので四、五日で止めた。

我がクラスの勉強嫌いの者達は、「他のクラスも止めたので自分達も止めたい」と言い出した。今まで何事でも嫌になれば止める。そのようなことがまかり通ってきた。我がままは許さないと圧力をかけ続けることにした。「止めてもいいが、親を交えて約束して始めたので勝手に止めては親が失望する。再度、親と相談してからなら止めていい」と言うと、誰も親を連れてきた者はいなかった。

予期せぬ困ったことが起こった。

出勤途中、五歳の息子を午前七時に幼稚園に置いてくる。幼稚園の先生から、息子（健太郎）は先生方が出勤するまでの一時間ほど一人で遊んでいて、事件、事故に遭っては責任が持てない、と言われた。

読書活動を生徒任せにすれば問題は解決するが、どうしても「学校改革」は成功させないとならないのに、読書活動を生徒任せにすると失敗する。また、自分の都合で止めるとなると、今までの私の言動と矛盾し先生は信用できないとなる。今後、指導は益々難しくなることは目に見えている。どうしたものかと家内に相談した。

「あなたがついてないと読書活動はどうなるの？」

「他のクラスのように何も残らない、まずくなる。実は読書活動を始める前に二度目の家庭訪問をして、一人一人親を交えて読書活動に参加するように説得した。しかし、一人だけ朝早く起きるのも嫌、読書は大嫌いと説得できなかった。本音は皆、読書活動はしたくない。生徒任せにすると読書活動は頓挫する。私の今までの言動からたぶん信用を失い、学校改革は頓挫する」

「理恵子（娘）に健太郎を幼稚園に送ってもらおうか」

高校生の娘には負担になるが、七、八キロも離れている幼稚園にタクシーで送ってもらうことになり、私は心置きなく読書活動に専念できるようになった。

こうして我がクラスだけが続いている読書活動。

皆、読書に興味、関心がないのに、私と親が強く参加を勧めるので断り切れず参加すると約束したが、三十分も早く起きることになり困った。遅れると叱られるし、他のクラスは止めているので自分達も止めたい、というのが本音である。

「読書に何の意味、価値があるのか」と一人が不満を言い出すと、これ幸いと、つられて口々に止めたいと言い出した。

今までのように嫌になれば止める、難しくなれば止める、面白くなければ止める。この悪い習慣が学校を崩壊させた一つの問題なので、彼らの愚痴を無視、遅れたり読書を怠けるとしつこくしつこく注意、叱責した。「自分で読書に参加すると約束して努力も頑張りもしないで愚痴ばかり言って許せない。罰として明日から読書時間を三十分から四十五分にする」と厳命した。そうして四十五分になったが誰一人愚痴を言わない。
（少しは成長したか？　我がままが許されないことに気が付いてくれればいいが……）

元々読書なんかやる気がないのに親と私の前で読書活動に参加すると約束したのは、物事を今までのように深く考えないで、その場をうまく繕うために約束しただけのこと。多くの者が今までのように嫌になったら止めればいいさと軽い気持ちだから、読書を真剣にやれるはずがない。黙っていると遅刻し、それを注意、叱責すると止めたい。「読書に何の価値があるか」と愚痴る。物事を最後までやり遂げた達成感、満足感がないので投げ出したいが、しつこいしつこい先生に出会って、許してくれない。他のクラスと比較して嫌な奴に出会ったと、毎日毎日不満を抱えて登校してくる。
「君達は親を交えて読書を頑張ると約束して、疲れる、面白くない、読書が何の役に立つかと不満を言っているが、読書活動を頑張った後で、何の役にも立たなかった、先生に騙されたと不満を言うのであれば分かるが、頑張りもしないで、朝から毎日毎日文句ばかり言って、先生も腹が立つし、楽しく読書している者も君達の我がままを聞いてたぶん不愉快だ。クラスの雰囲気も悪くなる」

説教している時、母親と私が読書活動に強く参加を勧めたが、自分は朝早く起きるのも苦手、読書は大嫌い、絶対に参加しないと言い張った川上君が入室してきた。

「川上を見てみろ。初めから朝起きるのも苦手、読書は大嫌い、参加しないと言ったら一度も参加しない。意志が強い、立派だ!! これからは大切なことを頼む時は川上に頼む」

その時、川上は、先生は何ということを言うんだ。自分はただ怠けているだけなのに、と思ったようだ。

野球部の彼が木の下で休んでいるので「一緒にアップしよう」と誘った。三十分ほど走ってよい汗をかいてひと休みした。

「そろそろ読書活動に参加しないか」と声を掛けた。川上は「ハイ」と約束した。

しかし彼は読書活動に来ない。

「今日はどうした?」

彼はしばらく黙っていたが、「明日から参加します」と言った。

今までのことを反省して翌日参加してきた!

*

「朝の読書活動について」　川上和彦（※原文のまま）

先生が、二度目の家庭訪問の時に、朝の読書活動をやらないかといった。

僕は、本は嫌いだし、朝、早く起きるのも苦手だったので、断わった。

そして、みんな、次の日から、朝、早く来て、読書活動をしていた。

僕だけ、いつも、遅かった最初の頃は、みんなに、文句を言われた。

そして、このまま、一学期が過ぎた。

二学期が始まっても、僕は読書活動には、参加をしなかった。

先生は、朝の学活のときに今日、朝の読書活動に遅れた人が多かった、先生に君達は来るといって来ない、しかし僕は来ないといったら絶対に来ないので非常に意志が強いとほめられた。

しかし僕は、なんだか怒られている気分だった、先生が僕に間違っている事を一生懸命教えようとしているのに気がついた。

でも、勇気が出なくて、先生には言えなかった。

ある日、先生が、部活動前に、一緒に走ろうといって、走った。

そして、休んでいる時に、先生が、そろそろ、朝の読書活動に参加しないかと言った。

僕は、軽く、はい、と言ってしまった。

次の日、僕は、先生を、裏切ってしまった。

先生が放課後、僕を、よんだ、先生が、なぜ今日の朝来なかったかと、聞いたので、僕は、黙ったままだった。

先生が明日からくるねと言った。

今度は、じっくりと考えてから、はいと返事をした。

そして、僕は、朝早く起きて、学校へ行った。

やっぱり最初は、みんな不思議そうに驚いていました。

そして、だんだん朝早く起れるようになっていました。

今まで、本を、あまり借りなかったのに、朝の読書活動してから、二十冊ぐらい借りるようになった。

本を読んでいると、いろいろな言葉を覚えたり、話しを、する時に役に立って便利だと思った。

三年生になっても、どんどんいろんな本を借りていきたいです。

朝の読書活動に参加していなかったら、とても残念な思いをしたと思う。

僕は、この朝の読書活動に参加してとってもよかったと思います。

三年生になっても、目標に向って行きたいと思う。

＊

愚痴を言っていた者達は、自分達より四十五分も遅れてきても叱られない彼を羨ましく思っていたのに、自分達とは反対に自分から進んで参加してくるとは理解できない。

その後、愚痴を言ったり遅刻する者はいなくなった。その様子を早々と読書活動を止めた他のクラスの者が見に来る。熱心に読書している姿を見て、何を思い、何を感じているだろうか。田島先生のクラスにならなくてよかったと、または、自分達も読書を続けていればよかったと、いずれにしても全校生徒に少なからず影響を与えているようだ。

先が知りたいので家に持ち帰り読んでいる者もいると言う。その時、持ち帰りは禁止していたのに……。

「信用」という意味

教科を教えている一年生、二年生には遅刻、逃げ、無断欠席をするな、授業中は静かに先生の説明を聞くように、私語、悪戯、居眠りをするな、と指導を強化した。私語をしていると「何の話をしていたか」と聞く。黙っていると「先生の説明より大事な話であれば話してもいいが、後でもよければ後でしなさい」と諭した。また、金銭せびり、イジメ、理不尽な目に遭ったら、親、先生に言うように機会あるごとに諭した。

しかし彼らにしてみれば、学校の伝統も知らないくせに大きな口を叩いて頭にくる。不満だ、と反撃のチャンスを待っていた。

雨季の季節になると近くの養豚場から物凄い蠅が学校に集まった。皆、給食につかないように蠅と闘っているところに、日頃、私の言動に不満がある我がクラスの問題児が、他のクラスの問題児を五、六名従えて押し掛けてきた。

「先生、空手は何段？　柔道は何段？」

「空手は知らん。柔道は分からん」とつっぱねた！

「先生、僕の顔を叩いてもいいよ」と顔を突き出してきた。彼を無視して給食の配膳を続けた。配膳から戻るたびに顔を突き出し、「先生、叩いてもいいよう」と挑発する。

（ここまで来るとただでは済まない。ここで決着をつけないと今後の指導が益々難しくなるのは火を見るよりも明らかだが……）

「先生は人を叩くのは好きではない」と相手にしないように、彼と目を合わさないように、弱々しく振舞った。それに気をよくしてか、自分は先生より強いぞ、と周囲を取り巻いている悪友達にアピールしている。

はたと気が付いた。

（今までの生徒達は悪さをする時は隠れて学校の窓ガラスを割り、車を傷つけて先生に仕返しをしてきたが、正面から闘いを挑んでくるとは……よほど腹が立ったのか。皆で行けば先生に勝てると思っているのか……）

大きな口を叩いているが本当は気の弱い者だと思っている連中は、ニヤニヤして彼の後押しをしている。その後ろには騒ぎを聞きつけて給食に蠅がたかっているはずなのに、多くの者が廊下に集まってきた。

そして、またまた配膳から戻ると更に顔を突き出し、「叩いてもいいよ」と言う。

「先生は人を叩くのは好きではない！」

そのような問答が五、六回も続いた。

チャンスなのか、配膳から戻ると更に顔を突き出してきた！

「君は誰に向かって何を言っている!!　そんなに叩かれたいなら強く歯を食いしばっておけ」

と言うなり、力一杯ビンタを張った。

先生がまさか本気で強く叩くとは予想しなかったのか、不意を突かれて二、三メートルほど吹っ飛び、大きな音を立てて側にある机にもたれかかるように倒れた。

私は何事もなかったように静かに配膳を続けた。

彼を後押ししている悪友達も、まさか皆が見ている前で先生が本気で強く叩くとは予想外のこと、悪友の無様な姿を見て声を失った。

今までの先生方の体罰は生徒にダメージを与えるほどの罰をしなかった。この者達の仕返しを恐れてか、または、どうせ厳しい指導しても効果が期待できないと諦めて手加減してきたのか、いずれにしても一撃で決着がついた。

給食の時、我がクラスはいつも騒がしいが、今日は静かに終わった。

皆、今までの私の言動から何を思い、何を考えていただろうか？　また、廊下で事件の成り行きを見ていた多勢の他のクラスの者は今まで私が「理不尽なことには従うな、その者達と闘え」と言い続けていることを理解して見方が変わるだろうか。いずれにしろ彼らに多大なインパクトを与えた。

清掃活動も終わり、職員室に戻ると既に先生方にも情報が入っていて呼び止められた。「先生、あの子にだけは手を出しては駄目です」と言うのだ（早く言えばいいのに）。この者、悪さをして罰されると、「先生、今は好きなように罰していいよ。その代わり卒業式には気を付けろ」と悪さを反省しないであべこべに先生方を威嚇していたという。

彼らは今まで、腕力が「強いか、弱いか」で物事を判断して、悪さもばれなければいいさと生きてきた。思わぬ反撃にあい、自分で叩け叩けと先生を散々挑発したのを皆が見ているので、暴力だとも言えない、黙っているしかない。

今までの彼らの態度から多少の反抗、反発があると思っていたが、翌日、男生徒が全員私より先に来て熱心に読書している姿を見て、皆で話し合って決めたのか、いずれにしても一歩前進である。これを機に更に彼らの授業中の態度が改善されてきた。

保健室で、腕力の証である背筋力の測定している。皆、ライバルに負けまいと真剣な顔で頑張っているので、しっかり頑張れと激励した。

給食も済んで雑談していると背筋力について話題をふってきた。「先生はどのくらい強いのか」と聞くのだ。

「君達の一番強い者の二倍くらいかな」

「本当か、先生！」

一人が教室を飛ぶように出て行った。そして保健室から背筋力測定器を持ち出してきた。僕の前に測定器を置いた。

「先生を信用しないんだな。信用されてないのにやれるか」

「早くやってよう、先生!!」

「先生を信用しないで、先生を試すとは許せない」

「何が？」

「先生が君達をテストなどで試すのは、教えたものをどのぐらい理解しているかを知るために試している。その理解に応じて次に教えることを考え準備する。君達が先生を信用しないで先生を試すというのは問題だ。信用されてないのにやれるか。やらない!!」

試す意味が理解できないのか、私の腕力を早く知りたいので、口々に早く早くと急かす。

「信用されてないのに、やらない！」

「早くしてよう、先生」

「やらない！」

「先生、早く！」

この者達、試すという意味が理解できないのだ！

「君達の二倍強かったら、どうする？」

「先生の言うことは何でも聞く‼」

「そうか、先生を信用するか‼」

「信用する」

「本当に言うことを聞くか？」

「聞く、聞く‼」

「嘘だろう。今までは先生方の教えを聞かなかったのに、急に先生方の教えを聞くと言われても信用できない」

「聞く、本当に聞く！」

ビンタを張られた時は不意を突かれただけと思ったのか、本当の私の実力を知りたいのだ。

若い頃は腕力には相当自信もあったが、四十歳も過ぎ腰痛になり腰に不安もあるが、この者達は物事の判断を「強いか、弱いか」で判断する連中だ、この場は逃げるわけにはいかない。

覚悟して測定器に乗り、歯を食いしばって力一杯引いた。
四、五名の者が測定器の針を見て声を失った。
「嘘だろう⁉　まさか嘘だろう！　測定器が壊れているのか、そうだ、もう一回！」

「まだ信用しないのか」

針を元に戻して、「先生、もう一回」と急かす。

再度、力一杯引いた。前回と同じ二八〇キログラムであった。

「ビンタを張られた時、不意を突かれたからと思っていたけど、なんと僕達三人の力を合わせた記録ではないか‼」

期待が外れて、落胆、失望したのか、先ほどの元気がないので、「君達もスポーツに頑張って力をつけろ」と激励した。


男生徒が花園を耕した後を見て、耕してあるのか踏みつけてあるのか分からないので、

「先生が手本を示すから見ておけ！」

小学校の時から高校卒業するまで八年間も、朝夕、毎日芋掘りをしてきたので耕すのには自信はある。

私の鍬さばきと耕した後の見事なことに驚き、生徒達が入れ替わり立ち替わり見学に来た。

思えば、始業式の日の教室の清掃活動から、給食活動等々、私が手本を示し生徒達に実践させてきたことに気が付いた。

また、校内陸上競技大会で棒高跳びに挑戦している者達にしっかりやれと檄を飛ばした。すると、「先生は棒高跳びを跳んだことがあるのか」と聞くので、ないと言えばいいのに「君達の年頃に遊びで跳んだことがある」と言ってしまった。今はどのくらい跳ぶかと聞くので、あれから三十年にもなるので跳べないと言えばいいのに、負けず嫌いな私は自慢しようと思って二メートル五〇センチくらいは跳べるのではないかと言ってしまった。

「先生、手本示して」

彼らが口々に言う。今、彼らが跳んでいる高さが二メートル五〇センチくらいかと思ったら、違った。急いでバーが二メートル五〇センチに上がった。

その高さを見て愕然とした。言わなければよかったと後悔した。しかし今までの彼らに対する自分の言動から逃げられないと覚悟した。

四十五歳の今は一〇〇メートルを一一秒五、走り幅跳びは六メートル三〇センチくらい跳んでいるが、棒高跳びは中学生の時、遊びで跳んだだけ。二年前にマスターズ世界記録保持者の森田真積氏の教えを思い出した。第一はスピード、棒を体の中心に持ってくること、ボックスに棒が入れば跳べるはず。何度も何度も……イメージトレーニングをした。

失敗は絶対に許されないのだ。しかし、助走距離が分からない。踏み切りが合わないと大変なことになるが心配しても仕方がない。

全校生徒の見守る中、思い切ってスタートをきった。ボックスから目を離さず、スピードをグングン上げる。見事にボックスに棒が入った。体の中心に棒を持ってきた。左足で思い切り地球をけり右足を強く引き上げた。走り高跳びの極意である。体は宙を舞ってバーをクリアしたと思ったら、バリバリとズボンの避ける音がした。しかし、体は見事にバーをクリアしていた。大喝采であった。

いつまで続く、悩み‼

文化祭で我がクラスは、沖縄伝統のシーサーを各自創作することになった。文化祭が近いので出来具合を確かめることにした。

「自信のある者は教卓の上に置くように」

十体ほどが並んだ。出来が悪いので、手を滑らした振りをして二、三体潰した。他の者は急いで作品を隠した。潰された者は驚き怒った。「どうしてくれるか」と。

潰された者の怒りは収まらない。私に文句を言っても埒が明かないので、急いで副担任の先生に訴えた。先生は「どうした、どうした」と、血相を変えて急いで来た。私がニヤニヤしていると、勘の鋭い先生は意図があってのことと察して「作り直せ」と。

予期せぬことが起こった。潰された者達が「これでは不公平だ。皆、潰せ潰せ」と。潰されてない者は抵抗したが、すべてのシーサーは元の土に戻った。皆、作り直すことになった。

再度、できあがったものを教卓の上に置くように言ったが、誰も持ってこない。自分の机の上に置いている。しかし、前に比べて見事な出来栄えである。皆、満足しているようだ。今までと違う何かを感じたようだ。

今までは何事も怠けて反抗的であった男生徒が文化祭を仕切っている姿を見て、女生徒は驚いた。次第に私の言動の意図が理解できるように成長してきた。


十二月、読書活動も良好に見えるので、「読書活動してよかっただろう」と聞いた。しかし、「寒くなって朝起きるのもきついので止めたい」と言い出した。上滑りの読書で、しつこい先生に出会って運が悪かった、他のクラスはいいな、と常に思っているのだ。

読書活動では私が目論む「学校改革」の核には到底なれない。一つの目的、目標、夢を叶えるためには、日々の小さな小さな忍耐が大切であるのに、面白くないとか、難儀であるとか、読書に何の価値あるのかと、一人が不満を言うとそれにつられて不満を言う。難しいことは投げ出す。このような我がままな生き方が学校崩壊させた大きな原因でもある。

読書活動では、彼らの意識を変えることは到底できない。この者達の生活習慣、悪い環境の根を変えないと、この者達の後に続く後輩達の才能、能力を開化させることはできないし、学校改革は無理である。彼らの心を開化させるには、これから何をすればいいのか。彼らの頑張りが、誰でもできること、誰が見ても分かること、直ぐに認められることが条件でなければならないが……。またまた、悩みの種が増えた。

■第３章

改革への道程

——１００km完歩

挑戦への提案

（高校で二度実践した「１００㎞完歩」に挑戦させてみよう。高校生も悪戦苦闘して完歩した後は、勉強、スポーツに真剣に取り組むようになり、成長が見えた。きっと中学生にも歩けるはず！）

心は決まった。

まず、目的は、

１　１００㎞歩くことによって体力、精神力の限界まで追い込んで、今までの自分の甘え、我がままに気付き成長させる

２　目的、夢を完結するには、日頃の小さな小さな努力の積み重ねがいかに大事で、大きな困難を克服した後に夢は叶えられることを知る

３　苦しい体験から何かを悟る。その結果、苦難の先に他者から認められることを教える

（彼らも、１００㎞も走れと言われたら文句を言うが、歩きなら文句を言うまい。危険も伴うし金もかかるので、保護者の意見も聞いて協力をお願いしよう）

保護者については、話を四月の新学期に戻す。

ＰＴＡ総会の後、クラス役員を決めるために集まった保護者は、三十一名中十二名であった。

「さて、皆さんに不満を言っても仕方がないが、これから協力してもらいたいことが沢山あるので、全員が集まるにはどうしたらいいですか？」

「先生、毎年クラス会はこのように全員が集まるのは難しいです」

問題傾向がある生徒の親は参加してない。その気持ちも理解できる。しかし、荒廃した学校の現状を打開するにはどうしても保護者の協力が必要である。全員が集まるにはどうしたらいいのか。

「先生、親は会社員、軍作業員、土建業の人が多いので、帰ってくるのは六～七時で難しいのです」

「それでは八時からにします」

保護者は驚き、

「八時からですか……。先生がよければいいです」

生徒達には昨日の保護者会には十二名だった。再度、土曜日の八時から保護者会を持つから必ず参加するように告げた。

そして集まった保護者は三十一名中二十九名であった。

学校は、先輩達が伝統として残した金銭せびり、イジメ、暴力等に関わっている者がいること、そうして、授業中の私語、居眠り等々で厳しく指導すると反省しないで、先生の車に傷をつけ、学校のガラスを割る等の現状を伝えた。

「玄関から入ってきましたね。あの太いクサリの鍵を見ましたよね。廊下の落書き、教室の落書き、机を見てください。下敷きなしには字が書けません。先輩達の悩み、苦しみ、悲しみ、寂しさを紛らわすためにつけた傷だと思います。怒りの痕跡です。学校は楽しく学ぶところであるはずだが、この学校は恐ろしい学園になっている。それを改善するには皆さんの協力が必要です」

保護者からも子供達の健全育成の建設的な意見も出て話は盛り上がり明日になろうとしていた。

参加しない二名をそのままにしておくと、参加しなくてもよかったとなるので、保護者会終了後に家庭訪問した。

戸を叩く。

「誰だ?」

「田島です」

「田島、田島……田島先生だ!!」

急いで戸が開いた。

「今日は、忙しかったのですね」と言って、参加した人員と決まったことを告げた。

あとの一軒は父親が縁側で囲碁をうっていた。私を見て驚いた。無理もない、見知らぬ男が真夜中に訪問してきたのだから……。

「担任の田島です」

クラス会で決まったこと告げた。しばらく囲碁を観戦、圧力をかけて帰った。


そういう過程があるので、はたして、何名の保護者が集まるか興味はつきなかった。三十一名全員が集まった。

私を驚かしたのは、その時、家出していた娘の父親の参加であった。遊び人だった父親は娘のことを詫びた。

「お父さん、娘が見ているかもしれません。また、今日のことを友達から聞くかも、いつか親の気持ちが分かる時が来ますから」と慰めた。

「クラスには遅刻、無断欠席、逃げたりする者はいません。授業中も先生の説明も静かに聞いています。しかし､今は形だけの姿です。読書活動も熱心に読書していると思ったら､寒くなって早く起きるのも嫌、読書が何の役に立つか止めたいと言う。親の前で読書活動を頑張ると約束したので、止めると言うことであれば、再度、親と相談してから止めてもいいと言うと、皆、黙っている。思うことは嫌な奴に出会って損したと、他のクラスはいいなと、いつも思っているので読書活動だけでなく何事にも真剣に取り組まない」

そこで、一つのことを成し遂げるには日々の小さな小さな努力と忍耐がいかに大切かを教えるために、高校で二回実践した「100㎞完歩」に挑戦させてみましょうと提案した!!

100㎞と聞いて保護者は驚き、自分達の子供には100㎞歩くことはできないとか、朝も学校まで車で送っているとか、10㎞歩いたことがないとか。

「なんで100㎞ですか?　30㎞、50㎞でもいいではありませんか?」

「それは、皆、歩けるでしょう。誰でも歩けることをしても、あなた方の子供の成長は期待できません。ただ歩いたというだけです」

「先生、ウチの子供には100㎞歩く根性はありません」

皆、「そうだ、そうだ」と。そして、夜も眠らずに歩くと聞いて、親は気も動転して危険である、できない、と。

話し合いは堂々巡り、自分達が子を最高に甘やかして我がままに育てきたことが学校崩壊になっているのに気が付かない。

「どうしてこの親達の一人ぐらい、子供達に危険を冒してまで１００㎞に挑戦させようとしているのか、と聞かないのか！」

今、この学校は１００㎞歩く危険より最大の危機を抱えているのに誰も気が付かない。金銭せびり、イジメ、暴力、学校崩壊で県下に悪名を轟かしているのに。私の勤めていた高等学校も世間では問題学校と言われていたようだが、この中学校は皆さんが思っているより最悪の学校なのだ。

先生方が悪さを厳しく指導すると、悪さをしているのは他にもいるので、ケチを付けられたと、厳しく指導した先生の車に傷つけ、学校の窓ガラスを割り、先生方のやる気をそいできたではないか。生徒達は自分のやるべき勉強、スポーツに頑張らない。一人で怠けていると不安にもなるが、皆で怠けていると恥ずかしいとかもない。気付いた時には才能があるのに高校入試に失敗している者がこの学校には沢山いるではないか。

「１００㎞に挑戦させて子供達を成長させようとは思いませんか。また、歩くことによって友達との友情が深くなるとか、根性が芽生えてくると思います」

保護者は誰も１００㎞歩いた体験がないので、子供達の歩く過程で起こる心の成長が理解できない。歩けるか、歩けないかを目的、目標にしているので、話し合いは堂々巡り。しかしもう一度説得を試みた。

「歩いて死んだという人は聞いたことがありませんので歩かしてみましょう」

若い頃、遊び人だった父親が「先生、本当に１００km歩かすつもりですか」と聞く。

「歩かす‼」

「先生、息子が１００km完歩することができたらテスト百点とるより嬉しいです」

その一言で、長い長い話し合いは決着した。

「子供達は賛成ですか？」

「いや、まだ生徒達には何も話していません」

「１００km完歩は夜中も眠らずに歩くので、危険も伴うし、四名の先生方だけでは安全確保はできませんし、20km～30kmごとに食事をとりますので、保護者の協力なしにはできません」

「子供達は歩くと言いますかね」

「家でも挑戦させるように話し合ってください」

実践すると決まったら協力的で話し合いはトントン拍子に進み、十二月の末に実践することに決まった。

抵抗

クラスは朝から大騒ぎになった。１００㎞の距離が名護市までの往復だと聞いて、気が動転した。

反対、反対、反対……。

「先生、僕は絶対に歩かないから！　１００㎞歩いて何の意味があるのか」

「馬鹿らしい、誰が歩くか！」

またまた読書活動の時と同じように、何もしないうちから一人前に１００㎞完歩の評価している。元々、読書活動を懸命に頑張れば１００㎞なんて考えもしなかったのに、自分達が親の前で読書活動を頑張ると約束したのに怠けて文句言って私を落胆させるから１００㎞歩くことになったのに気がつかない。

毎日、入れ替わり立ち替わり、反対、反対、歩かないと来る。

「君は歩かないのか……金城はどうする？」

「馬鹿馬鹿しい、なんで歩かないといけない」

「知念はどうする?」

「僕も歩かない」

「歩きたいと言う者はいないか?」(沈黙!!)

クラスで腕力のある者には、「そうだな、君は元気はあるが少し根性が足りない」とプライドを擽った。それでも……、

「僕は絶対に歩かないからね」

「それは残念だ……」と深追いはしなかった。

私は、これから挑戦する道程と休憩所、食事をとる場所等々、確認のために三度も下調べに行った。真夜中に行く瀬良垣の自治会長は子供達の健全育成のために喜んで、午前二〜三時になるが快く引き受けてくれた。しかし、ある学校の体育館の借用をお願いしたら、校長は「その目的、子供達の健全育成には素晴らしい」と言い、貸してくれるかと思ったら、勤務時間外であるといろいろと理由をつけて断られた。同じ教育者としてショックであった。

実践の日が近づいてきたので本気で生徒達を説得することにした。

「島袋サワ」に焦点を当てた。彼女は体も小さく、一見、弱々しく見えるが、父と子のひとり親家庭で弟の世話や家事、洗たく等々のすべてを仕切っている、精神的に自立しているし、負

けん気が強く、根性、気概が垣間見えるので説得することにした。

「先生、私に１００㎞歩くことができる？」

「１００㎞歩くのは大変なことだ。簡単に歩くことはできない。しかし、誰でも歩ける距離であれば歩く価値はあまりないが、１００㎞歩くことができたら今と違う世界が見えてくると思うのだ」

「先生、私、歩いてみる」

「先生も嬉しいな。初めて歩くと言ったのは、サワだもん。明日は皆、驚くぞ。楽しみが増えてきた」

島袋サワが１００㎞完歩に挑戦すると聞いて、今まで腕力に自信がありスポーツで鍛えている者達は、面と向かって１００㎞歩くのは反対と言えない雰囲気になってきた。

そして決行が近づくと参加したい者が出てきた。１００㎞完歩に挑戦すると決めた者が、絶対に歩かないと言い張った友達に「一緒に行こう」と誘っている。中には親も一緒に歩くと申し出る者が出てきた。

クラスは活気付き、雰囲気が変わってきた。

体が弱く１００㎞完歩は無理と親も私も認めた松下由美子と家出娘を除いた生徒二十九名、校長、引率教員四名、父母二十名余りが参加することになった。

１００㎞に備えて、20㎞、30㎞を体験させた。

若い先生が来て、

「田島先生、なんで１００㎞なんかやるのですか？　生徒達が万一、事件、事故があったらどうします。管理者になるには１００㎞は何の役にも立ちません。止めた方がいいですよ」

と案じてくれた。

また、母親達が相談に来た。

「先生、新聞、テレビ、ラジオに連絡しましたか？」

「いいえ、その必要はありません」

「先生、中学生が１００㎞も歩くことは大変なことですよ。だから……」

取り合わなかった。今から始まる自分自身との死闘に、関係ない者が関わると本来の目的を見失う恐れがある‼　母親達には不満もあるようだがお断りした。

１００㎞完歩

いよいよ、１００㎞へ挑戦する時が来た。

最初は反対反対と抵抗していた者達が、これから起こるドラマが理解できるはずがない。朝から遠足へ行く気分で興奮している。出発前に体育館に集めて、今から起こるかもしれない、いろいろな点の注意をした。

「１００㎞の距離は君達が思っているほど簡単に歩けるものではない。事故、事件に遭わないように気を付けて、友達と助け合い協力して、『心で歩く』と思って頑張れ！」と激励した。

「馬鹿なことを言ってるよ、心で歩けるはずはないだろ」と、薄ら笑いをしている者もいる。

そしてピクニック気分で校門を後にした。

津嘉山君が「僕の父が１００㎞歩いたらギターを買ってくれると言っている。僕は絶対に歩いてやる」と報告に来た。しかし、そのリズムではとても１００㎞は無理かと……。しかし、「君なら歩ける」と激励した。

友に「一緒に頑張ろうね」と完歩を誓う者、「苦しくなったら電話してね、迎えに行くから」

と言っている母親……。

25㎞地点、足に肉刺ができ始める。皆、思い思いにマッサージをしている。しかし、皆まだ元気だ。

45㎞地点、宜野座村の松田商店前で休憩していると、生暖かい風が吹いている。月の周りに大きな暈《かさ》がかかっているので雨が降ると予感した。

「おばさん、大きな塵袋がありますか?」

「沢山ありますよ」

念のために係りの先生に、一人二枚ずつ配るように手配した。係りの先生は、月も星も出ているし本当に雨が降るのか、と訝った。

50㎞地点で予感は当たった。突然、強風と共に横殴りの冷たい冷たい雨が吹きつけてきた。皆、塵袋で身を守るのに必死だ。

(急に天気が変わるとは……。四十五歳の私が初めて体験する寒さ、生徒達はこの厳しい現実をどう思い感じているだろうか……)

三回目の休憩所(レストラン)にたどり着いたが、皆、話をする気力もなく、食事にも手を付けないので、「食べないと歩けない、全部食べるように」と厳しく注意した。先生方が「悪条件になって残念ですね」と心配している。

中学生にもなって、甘え、我がままをして、親、先生方を困らせ、勉強、スポーツ、諸活動に頑張らない。理不尽なことをしているのに「先輩達から受け継いだ伝統だ」と平気で言う連中。理不尽なことは許さないと気付かせるための実践だ。この窮地もよしとしよう。これからが本番、意地の張り合いだ。

今までは、私が彼らの「心を支配」していたが、頑張れないと思ったら帰ってもいいと「心の鎖」を解いてやった。「今後は自分自身で、自分の心に従って、歩くのもよし、帰るのもよし、自分で決めなさい」と突き放した。

「悪天候の中、皆、ずぶ濡れになってよくここまで頑張った、帰ろう」と言うかと思ったら、ここで誰かが先に帰ると言えば気も楽になるが、皆、最高に苦しいのに、「それでは先に失礼します」と逃げることは口が裂けても言えない雰囲気になってきた。頑張るしかないことに生徒達が気付いた。逃げ帰った後の立場を思い考えることができるまで成長したことに、目論見の結果の一端を見ることができ、生徒達の成長に幸せを感じた。

冷たい雨の降りしきる暗夜の道を重く痛い歩を進めた。三三五五励まし合いながら歩く者、その後を一人でグループから離れまいと必死に歩いている者、棒を杖代わりに足を引きずり悶え苦しみながら必死に頑張っている者。何を考えているだろうか。嫌な先生に出会ってこんな苦しい目に遭ったと、たぶん雨に紛れて泣きながら歩いている者もいるだろう。

この者達が１００㎞完歩する過程において友には負けたくないとの思いから、自分自身には負けたくないという「自分との闘い」になってくれることを期待した。

一組の親子が後ろから来た。私が安全を確認しながら最後を歩いているはずだが不思議であった。あとで分かったことであるが、寒風、足の肉刺の痛みに負けてタクシーで家に逃げ帰り眠りについたが必死に歩いている友達のことを思うと眠れず、再度挑戦しようと舞い戻ってきたのだ。

〔その時、「田島先生のクラスにあたって運が悪かった。来年は弟が中学生になるが田島先生のクラスにだけは絶対にならないように神仏に祈った」と噂になった。しかし、その弟が中学生になった時、母親が担任をしてくださいとお願いに来た。私は担任を外れ生徒指導主任になっていたが、サッカー部の顧問になり、その弟はサッカー部に入部してきた〕

私は最後を歩いているので生徒達が道々どのようなドラマを展開しているのか、生徒達の様子を知ることはできなかった。保護者には乗り物は禁止と厳しく注意してあったが、万一の場合の安全確保のために保護者の小型バスが随行した。

塵袋に身を包み、雨に濡れて喘ぎ苦しんで歩いている姿を見て、ある保護者が「少しでいいから乗りなさい」と情けをかけた。皆、初めは断ったが、何度も何度も誘うので一人が乗った。

今まで苦しい思いを我慢に我慢していたのに、一人が乗ってしまうと、我先にと入れ替わり立ち替わりバスに乗ってしまった。その時は助かったと思ったが、暗夜、車のライトに浮かぶ級友が雨に打たれ、杖を突き、足を引きずり、苦しんで歩いているのは皆同じだったのに、苦しみから逃げて車に乗った自分が恥ずかしい。心が休まるはずがない。２〜３㎞乗ったが、また歩き出す。

その時、私は生徒達の誇りを傷つけるとは思っていないので、新垣豊美が真っ暗闇の中を一人ぽっちで喘ぎ喘ぎ遅れまいと必死に歩いていると、本人は最後まで頑張ると言っているのに強制的にバスに乗せてしまった。私の失敗である。

夜明け前、最初に１００㎞完歩に挑戦すると言った島袋サワが、

「先生、少し休んでもいいですか?」

と言う。小雨の降りしきる中、歩道で小さい体を塵袋にくるまって寝てしまった。四、五分して起きた。疲れが取れていい顔になっていた。サワは「今日が誕生日だから絶対に最後まで歩く」と決意した。「先生が最後まで付き合ってあげるから頑張れ」と激励した。

体験者の私でさえ、昨日の強烈な寒風と、足の肉刺の痛み、睡魔との闘いのダメージは大きく、休んでから足を一歩踏み出す時の痛みと、筋肉が落ちるのではないかという激しい痛みがはしるのに、初心者の中学生達が最悪の事態を乗り越えて、昇る朝日に向かって黙々と歩を進

めている後ろ姿を見て、その一歩一歩が学校改革へ突き進んでいるように思えてきた。今までの彼らの生き方は、甘え、我がままで、難儀、面白くないと投げ出して、親、先生を困らせてきた。今までの彼らの姿からは想像すらできない。よくぞ、ここまで耐え忍んで頑張った。心の中でずっと「あと少しだぁ！　頑張れ」とエールを送っていた。

学校に近づくと、親戚、知人が車で激励に現れる。生徒達は悶え苦しんでいる姿を見せまいと懸命に歩こうとするが、思うように歩けない。いつも通っている1㎞がなんとなんと長かったことか‼

在校生、保護者、地域住民の大歓迎を受けて、各々の「100㎞完歩」のドラマは二十五時間かけて終わった‼

父母の心のこもった甘いゼンザイを食べて三三五五帰宅した。

再挑戦

休むことは許さないと厳しく忠告してあるので、足を引きずりながら登校してきた。

全体朝会で共に歩いた校長が誇らしげに１００㎞完歩について報告した。

「自分は高校生の時、長距離を歩いたことがあるが、今回の１００㎞完歩は寒風と雨にさらされ、足の肉刺がつぶれ、その痛みと睡魔と闘いながらの完歩であった。非常に印象に残った。初めて体験したであろう共に歩いた二年一組の皆さんは、あの寒風と雨の降りしきる中、足の肉刺が潰れ、睡魔との闘いによく耐えた。これからの人生において有益になるだろう」

私の学校改革を支えている副担任の仲西洋子先生に尋ねた。

「校長が１００㎞完歩の訓話をしている時の生徒達の姿を見た？　何か変わったことがありました？」

校長の話を、顔を上げて聞いていたのは四名だけ、あとは顔も上げず下を向いていた。

その者達は小型バスに乗った者達だ。彼らは95㎞以上も歩いて敗北者になった。彼らが自信と誇りを取り戻すには、再度「１００㎞」に挑戦させて完歩させるしか方法はない。今の態度からは自分の実力を思い知ったであろうが、評価は完歩したか、できなかったかで判断しているので、自分自身との闘いになってない。完歩した四名を見て今までは自分がすべての面で勝っていると思っていたら根性で負けた、と。誘惑に負けて小型バスに乗ったことがさぞや残念、無念だろう。

再度、挑戦させる。このままでは一生敗北者になってしまう。改革どころの話ではないのだ。もう一度!!

「今は息をするのも歩くのも苦しいのに、生徒達は歩くと言いますかね?」

再度の挑戦は、彼ら自身の「意志」で決めさせる。

完歩したのは生徒四名、先生方四名、保護者二名であった。

苦しかった「100km完歩」のことを忘れかけた二月、再度、100kmに挑戦したい者は準備するように、と告げた。

前回、寒風と雨、足の肉刺の痛み、睡魔に負けて小型バスに乗って逃げた自分が恥ずかしい、プライドが傷いた者達の顔色が変わった。

「今度は友達とも相談するな。相談して決めたことが分かったら罰する」と厳しく注意をした。

「危険も伴うし金もかかるので親とはよく相談するように」

一人でも参加する者がいたら再度挑戦させる。前回は親も生徒達も「１００㎞完歩の挑戦に何の意味、価値があるのか」と、絶対に歩かないと散々抵抗したことを思うと、金もかかるし危険で、ましてやあの苦しかった体験を思い出すと、大切な我が子の参加を許してくれるか、予想がつかない。四、五名でも挑戦する者がいたらよしとするか、と思った。

しかし予想外に、次から次に申し込みに来た。あの苦しかった体験にも負けず再度挑戦するとは根性があると激励した。

また、１００㎞完歩は無理と、一回目は親も私も認めなかった松下由美子が、「前回、友が杖をつき苦しみながら歩いてくる姿を見て、神々しく非常に感動し涙した。自分も機会があれば歩いてみたいと思っていたらチャンスが来た」

親を説得して申し込みに来た。

「日頃、あなたは根性があると先生は思っていたが１００㎞に挑戦するとは、きっと完歩できる」と激励した。

二度目の１００㎞完歩に挑戦する者を理科室に集めた。その時になって初めて挑戦する友を確認して「共に頑張ろう」と話し合っている姿に、誰にも相談するなという意図が理解できるまで成長していたことが嬉しかった。また、給食時間も過ぎているのに、苦しかった１００㎞に挑戦する者を確かめるために、他のクラスの生徒が密かに様子を見ている姿を誇りに思った。

二回目の挑戦は、歩く者、参加しなかった者も心の中で繋がっていることを実感した。

生徒十七名、引率教員三名で、校門を後にした。失敗は二度としないという気概を一人一人から感じられた。

塵袋を配られた45㎞地点、松田商店に来た。

あの時、月も星も見えていたのでまさか雨が降るとは……。突然の雨と寒風に遭い、塵袋で身を守るのが遅れてずぶ濡れになったところ。休憩所にたどり着き、「もう限界、歩けない」と食べる元気もなく苦しんでいたら「食べないと歩けない」と注意されたところ。先生から歩くのもよし、帰るのもよし、自分で決めろと言われ、最高に悩んだところ。寒風と足の肉刺の痛み、睡魔に負けて誘われて小型バスに乗ってしまったところ……。

自分の意志の弱さを認識させられた痕跡を確認しながら黙々と歩を進めた。


足の肉刺の痛み、睡魔に耐えに耐えて、難関を克服して二十八時間かけて１００㎞完歩に成功した！

そこには、目的を達成した満足感、自信に満ちた顔、顔……があった。また、親も私も完歩は無理かと心配していた松下由美子の笑顔もそこにあった。

保護者、地域住民の出迎えで盛り上がり、保護者の心のこもったゼンザイを食べて三三五五帰宅した。

成果

「１００㎞完歩」——限界への挑戦の成果は予想以上で、その後、読書活動をはじめ諸活動に真剣に自主的に取り組み、中学生の自覚をもって何事にも活動するようになり、我がクラスは更に変容し成長した。

しかも、終わったと思った１００㎞完歩のドラマは、家出していた我がまま娘が「自分も１００㎞に挑戦したい」と来て、なんと三度目も！

副担任の仲西洋子先生と友達四名で１００㎞に挑戦。

彼女も同じように、足の肉刺の痛み、睡魔と闘いながら１００㎞を体験した。自分の今までの身勝手な生き方に気付き、クラスに戻ってきた。

１００㎞完歩は思わぬ収穫があった。体力の限界に極限まで追い込まれ、自分の生き方と他者との関係を真剣に考えるきっかけになった‼

学校改革が前進していることを実感した。

＊

100ｋｍを歩いて変わった事。　岡田博之

（文集より　※原文まま）

100ｋｍを歩きぬこうというプリントがくばられた時どうしたらにげられるかを考えていた。仮病、用事、いろいろ考えているとなかなかいい物がみつからない。

そうこうしているうちに100ｋｍに向けての練習があった。練習の時歩いた海中道路であまりにもひまでおもしろくもなんともなかったのでどうにかして楽しい方向に考えようと思ったぼくは100ｋｍはこの後のぼくの人生にどういう影響をもたらすかという事を考えた。

まずねばり強くふてぶてしくなるだろう。もう一つはほかの人とくらべて感じ方がまるでちがう。

たとえば10ｋｍ歩け歩け運動などの大会を見たり聞いたりするとたいへんだなーという思いがするのに100ｋｍを歩くことによってこれしきの事と思うようになる。

そうなると勉強やスポーツへの力の入れ方、考え方、感じ方などがちがってくる。

たとえばマラソンでもあの100ｋｍにくらべればこれしきの事と思って走ると効果がでた。

一年生の時はマラソンはビリの方だったけど今年は15番になった。

ストレッチ体操の力もあったけど一番きいたのは精神的な面の力が大きかったと思っている。

ぼくの母は一回目のとき歩けないできん（金武村）の方でダウンしてしまい家に帰って行ってしまった。

ぼくは母より20～30ｋｍ歩いてもりかつ君のお母さんの運転する車にさそわれてのってしまい１ｋｍぐらいした所でおりてまた歩きはじめた。

あと35ｋｍで目標がたっせいできたのにと思うと思わずばかやろーとさけびたくなったがこれも自分の意志力のよわさだと思い、なさけなくなった。

ぼくの母は歩く前は歩きとおせるみたいな事を言っていたが本番はこんな結果になってしまった。

「夜はしんぱいでねむれなかったんだよー」と母は言って「あまりにしんぱいだったからまた朝から歩きに来たさー」と言っていたがどうせ歩ききれないだろうと思った。

それはふとっているからである。

100ｋｍで一番いんしょうにのこっているのはあと20～30ｋｍという事でのあの一歩一歩ふみ出すたびに足の裏にくる痛みがたまらなかった。

二回めに挑戦する事はさすがにこわかったが先生のゆうれいの話を聞いてよしと思い挑戦したら歩きぬけた。

あの時の喜びは最高だった。

目的は完歩　島袋　サワ

22日のお昼、12時過ぎ、私達は、100ＫＭに向けて、出発した。

みんなは、とても元気があって、スピードが速かった。私は後の方で、ゆっくり友達とおしゃべりしながら歩いていた。

石川に入ろうとした所で、お母さん方が、休んでいた。やっぱりお母さん方には無理かなぁ？と思っていた。

途中、友達の1人が、足をすりむいた。とても痛そうだった。あの後その友達に、いっしょに完歩しようね。と話しをしていた。でもその友達は、しばらくして、バスに乗ってしまった。

とても残念だった。

レストランで食事をした。半分しか食べなかった。食べる事より、早くもっと進んで、100KMという道のりを、少なくしたかった。

また道を歩いた。辺りは、うす暗くなっている。早く、早く、この道のりを越えてみたい。もしゴールしたら、と考えると、いつの間にか、速足に、なっていたけど。

明治山を通った時の、あの苦しさ、チリ袋をかぶり、風が吹きあれ、といったらオーバーになる。でも、本当にそう思える時も、あった。とくに、海岸辺り。ほとんど台風に、あったようだった。まわりは、何も見えない暗い世界。たまに、車が通りかけた。通り去った時の、静けさは、不気味と言ってもいいんじゃないかな。

どうにでもなれ。雨がうっとうしく思えたのは、草の上で、ごろ寝した時。でも、またいつの間にか、歩いていた。

心の底から、夜明けには、感動した。何もかもが、なかったように、朝は、感動した。

走って二中にゴールした私。目的を、実現できた。でも、ちょっと、えっ、て思った事がある。みんなが、帰ってしまっていた事。ゴールした後、みんなの顔、見たかったなぁ。その後で、おばさんと車に乗って帰った。さすがに誕生日だけあって、いろんな、ごちそうがあったけど。そういう気力はなくて。浴びた後、バタン・キューでその後、覚えていない。

どうして100KMを、意地張ってまで歩きたかったわけを、言うと、勝ちたかった。だれに？田島先生に。私は、100KMを行く前に、先生の、ひょんな言葉に、賭けてみようと思ったんです。その賭けが、100KMを、先生より、先に完歩する事。一応勝った事には、なるんだと思うけど、でも先生は、ゴールインした後、すぐに走りに行ってしまった。だから、勝負がどういう風になったか知らない。でも私は自分が勝ったと思う。100KM完歩の目的に対して。宜野座で14才になった事、みんなの笑顔。２年１組田島学級。本当にすごいクラスでした。

＊

さて、岡田博之君の文集にあった「幽霊」の話であるが、戦後十五年ほど経った頃のことである。

私の十歳頃までは至る所に遺骨が散乱していた（実家はひめゆりの塔の近く）。教師になり、バスケット部の監督として部活動後家に帰るが、最終のバスに乗り遅れた。仕方なくそこから三キロほど歩いて帰った。

切通しを出たら、白衣を着て髪を腰まで伸ばした女性（看護師）が、道を背にして月に向かって立っている。通りすがりに挨拶したが返事がない。

そこから離れるにしたがって不安になってきた。アレは「幽霊」か？　後ろを振り向いて確かめる勇気がない。振り向いたらそこに恐ろしい顔が、と思うと気が動転して、足がもつれて小石にもつまずいてうまく歩けない。

いつもは「ただいま」と家に入るが、昔からそのような者に出会った時には動物に挨拶してから家に入るように教えられているので豚を起こした。私の初めての奇怪な振舞いに、母親が、何があったのかとしつこく聞くので事情を話したら母が動転した。

しばらくして、また最終のバスに乗り遅れた。二キロほど遠回りすればよいが、今ここを通らないと今後そこを通ることはできない。そしてこの前の現場に来ると……冷たい風が強く吹いてきたような気がした。全身鳥肌が立った。しかし何事もなく家に。母親は私の行動に驚いていた。

こんな経験から、生徒達に難しいことにも怖いことにも、若者らしく勇気を出して挑戦するように啓蒙した。

この１００㎞完歩、学校改革は副担任の仲西洋子先生の協力なしにはできなかったので、ここに体験談を紹介する。

＊

二度の挑戦　仲西洋子

自己の限界に、挑戦―これを聞いて何を、考えたのでしょうか。まさか、百Ｋ完歩とは誰も予想しなかったでしょう。

中学生で、果して出来るのだろうかと考えながらも、意志力、忍耐を確認するには、いい計画と喜んだ。

各自がそれぞれの思いで一回目の挑戦。12月の寒さと雨の中で一睡もせず、痛み、苦しみの中で、体験したことは、いつか、きっと喜び、自信をもって語ってくれると思う。

一回目の反省をもとに、２月16、17日に二回目の挑戦。各自「今度こそは」と確認しやり遂げた時、皆の顔には、疲労よりも、その満足感が見られる。

この二度の挑戦から、得たものは、各自様々だと思う。しかし、これは、決して無駄ではないはず。

今、私自身、振り返ってみると、歩いている時、何を考えたのだろうか。ただ自分には負けたくないと思っていた。

そして、二度の挑戦で痛感した言葉がある。「心で歩く」。あたり前のようで、中々できない。私達は行動に移す前に心がけで、成功もし、失敗もする。

この二度の挑戦は、ただ完歩だけでなく、自分との闘いであったはず。大変だと言いながらも、皆の心の中で「絶対にやってやる。」という、心意気をもっていた。

苦しいのは、自分だけでなく、皆同じだと思えば、また、頑張れる。

その考えを、大切にするか、どうかで決まる。

これから、最上級生になる皆さん、自分自身と戦うことが多くなります。この二回の挑戦のことを、思い出し、決して背を向けることがない様、努力し頑張ってくれると信じています。

私自身にとっても、大事な体験をしたと、思っています。

＊

１００㎞完歩に挑戦させたいと提案した時、保護者達は「我が子には無理無理、絶対に無理」と散々抵抗した。学校へ車で送っているとか、10㎞も歩いたことがないとか、30㎞、50㎞でもよいではないかとか、我が子には１００㎞歩く根性はない、とか。

夜も眠らずに歩くと言ったら、気が動転して、危険であると散々抵抗していたが、決着をつけたのは、「我が子がテスト百点とるより１００㎞完歩できたら嬉しいです」という意見だった。しかし、我が子は寒風、足の肉刺が潰れた痛み、睡魔との闘いに一度は負けた。ドラマは終わったと思ったら、あの厳しい体験に再び挑戦する我が子を見て、感動しないはずはない。

先生が、生徒達に金銭せびり、イジメをするな、理不尽を許すな、そのものと闘え、と言い続けているが、今までは学校は変わらないと思っていたが、変わるかもしれないと期待し、保護者は全面的に私に協力するようになり、学校の雰囲気は変わった。

■第４章

子供達、そして学校の変化

最高のクラス

クラスの者達の頭脳を刺激するために、新聞、テレビ、雑誌、我が家のニュースを話題にした。その時は目を輝かせて聞いている。しかし、基礎・基本が理解できないため、授業、教科には興味、関心、意欲がない者が多い。

このままでは将来の夢を見る環境に恵まれなくなるので勉強の大切さを教えた。

「世間には、他人の何倍も働いて金持ちになった人もいる。その過程で難癖をつけ文句を言われたり、世の人々が認めてくれない時もあるが、しかし、寝るのも惜しんで勉強している者を見て、あいつは勉強ばかりしてけしからん、勉強が何の役に立つか、馬鹿なやつだと誹謗中傷されている者を、見たことも聞いたこともない。たいていは、きっと、将来偉くなって人々を助ける人物になると褒め称えるのだ。君達もそのような夢があるなら人の二倍、三倍勉強しなさい。トラは死して皮を残し、人は死んで名を残すと言う。君達も名を残すように頑張れ!!」

新垣豊美が「名を残すとはどのようなことか」としつこく聞くので「一生懸命に勉強すれば分かるようになる」と諭した。

その新垣豊美が言った。

「金八先生より我がクラスは最高のクラスだ‼」

「金八先生？　なんだ？」

「先生、金八先生も知らないの？」

「知らないね」

「今テレビで放送しているよ、面白いから」

「その金八先生よりウチのクラスがよかったのか？」

「いろいろな刺激があって非常に勉強になった」

「そうか」

「でも、先生にも欠点がある‼」

豊美が言う欠点とは何か……。

「私達の前で一度も涙を見せたことがない‼」

「先生の涙か……先生は君達が帰った後で涙を流したことが何度もあるよ」

「まさか〜」

「先生がそこへ行っては危ない、近寄るな。そこは楽しそうに見えるが一番危ないところだ。

先生の言うことを聞け、と何度も何度も、注意、叱責しても聞かない者もいるので、何度言ったら分かるかと……。しかし、近頃、今まで注意、叱責したことが分かってきたようで、先生は嬉しいよ……」

読書活動を始める時、朝早く起きるのも嫌、読書は嫌いなのに、物事を深く考えないで親と私の前でその場を繕うために読書活動を頑張ると約束してしまい、腹が立つが元はといえば物事を深く考えないで生きてきた意志の弱さから出たことであり、そして、いい加減に読書を続けていたら心の中を見抜かれて、今度はなんと１００㎞を歩かすと言われる。初めは１００㎞に何の意味「価値」があるかと反対したが、１００㎞に挑戦して体力の限界、精神力の限界まで追い込まれ、今までいい加減に生きていたことを認識させられた。そこから得たものは非常に多く、確かに成長した!!

また、第五回全日本マスターズ陸上競技大会の補助役員として、プログラム編成から大会当日の表彰式の手伝いをクラスの全女生徒が体験し、七十代、八十代、九十代の選手が生き生きと競技している姿を見て、スポーツの素晴らしさを体験し感動した。

変わった先生に出会って損したと思ったが、気が付いたら自分達が非常に成長していることに気付いたのだ。生徒達はそのような体験から、金八先生より我がクラスは最高のクラスであると思っているのか？

改革を進めるための決意

改革には、皆の更なる協力とゆるぎない強い意志が要る。昨年以上に勉強にスポーツに頑張ろうと、元旦、三十一名の者に電話を入れた。保護者は先生からの新年早々の激励の電話と聞いて感動したらしい。ただ、その時、不在の者が四、五名いた。

三学期の始業式、一学期に私の力量を試すためビンタを張られた彼が怒ってきた。

「どうした⁉　その顔のアザは……」

「用もないのに電話をするな‼」

「元旦の電話のことか？」

「そうだ‼」

「今年も、勉強、スポーツに共に頑張ろうと思って電話した。それがどうした？」

「頭にくる、恨むからな！」

「なんで、先生が君に恨まなければならない？」

「父が、元旦から先生が電話してくるのは相当悪いことをしただろと言うから、ムカッとして、悪いことは何もしてないと言い返した。それなのに、嘘をつくなと言うから、何も悪いことはしてないと怒ったら、いや、お前は悪いことを隠していると体罰を受けた！　頭にくる!!」

「それは、おかしいぞ」

「何が？」

「その時、四、五名の者が不在だったが、親に叱られた者はいないが。君が体罰を受けたのは先生の電話のせいではない。今までの君の生活習慣が親に信用されていないからだ。親に信用されるように頑張れ！」

　そう激励したが、彼はまだ怒りが収まらないようだ。


　そう言えば、四月の家庭訪問の時、母親、祖母に「彼のよいところ何ですか」と聞いたことがあった。

「先生、息子にはよいところはありません」

「例えば、家の手伝いを文句も言わずにするとか、食事に好き嫌いがなくいつも喜んで食べるとか、は？」

「えっ？　先生、そんなこと」

「勉強できるのもよいが、大切なことは日頃の生活に不満を言わないことです」

「息子は、食事の好き嫌いはありません、いつも喜んで食べています。手伝いもよくします‼」

「勉強より大切なことです！」

「……勉強よりですか？」

「そうです、勉強よりです」


私のクラス経営とクラスの成長を見て、校長から生徒指導主任への要請が再三あったが断り続けた。校務分掌担当は生徒指導主任が決まらないと教育計画は立てられないと困っていた。「去年、家族に負担、迷惑をかけたので、これ以上は負担をかけられない」と断り続けたが、他の先生に改革の続きを任してうまくいくだろうか。

今、学校を仕切っている三年生が卒業すると、我がクラスを中心に学校もある程度変わるだろうが、三年生の金銭せびり、イジメ、暴力から逃げ回っている他のクラスの二年生は、私の指導もほとんど見てないし聞いてもいない。その者達は自分達の天下が来るのを指折り数えて待っている。

彼らに金銭せびり、イジメ、暴力は悪いから止めるように指導しても「分かりました」とやめるわけがない!!　絶対に伝統を守るなどと言って、自分達がやられた金銭せびり、イジメをし、これまで三年生に守られて、手出しできなかった下級生に、自分が受けた苦しみ、怒り、悲しみ、地獄を見せてやると、自分達の時代が来るのを首を長くして待っている。

この者達が、学校の悪い伝統がいつから始まったか、その後、被害者、加害者がどのような人生を送っているか……中学生が知るはずもない。先輩達が才能、能力を開化させることなく、人生を誤り、大人になって自分が歩んできた道が間違っていたと後悔している。

今、保護者の中には、自分の子が悪友達と群れをなし自分と同じ道を進もうとしている、と嘆く者がいる。小学校の時は厳しくしつけてきたが、中学生になり、反抗的で自分の子供の指導ができない。

年を重ねて分かった、日々コツコツと働き努力の先に成功があるのに、当時はそれに気付かず派手で楽しそうに見える悪い道をのぞいてみたくなり、誘われるままに近づいていった。悪さをして追われている時は驚き、恐怖で体は冷や汗の川、しかし逃げ延びた時の恐怖は快感に変わった。勉強は嫌いだし、皆と群れをなし毎日刺激を求めて遊んだほうが面白い。親、先生に注意、叱責されても悪友を第一に思ってきた人生!!

注意、叱責しても、「俺に文句が言えるのか」と反抗されて躾ができないと嘆く保護者は、突然現れた新任の先生が、「金銭せびり、イジメ、暴力行為は絶対に許すな。共に闘うから、親、先生に告げるように。また、警察にも協力を求める。被害に遭った者は申し出るように」と全体朝礼で告げている。親は、躾を私に託すようになった。

（荒廃した学校から、金銭せびり、イジメ、暴力等々の悪さを、この悪の根を今、断たないと代々続く！　それを、他の先生に任せることはできない!!）

その根を断つためには、家族にはまた多大な負担をかけることになるが、意を決して生徒指導主任を受けることにした。

どうしても思い出す、一年前の始業式の日。ラッパズボンに切り詰めた上着、深々と頭にソリを入れ、残った髪を三色に染め、眉を剃り落として、三三五五、登校してくる生徒を見て愕然としたことを……。新任の先生方の歓迎もしなかった者達に「拍手は手で打つものではなく心で打つのだ」と啖呵を切り、初対面から問題児達に闘いを挑んだ。

しかし、中学生は未熟者。くみしやすいと思っていたら反撃にあい、心身ともに疲れ、指導効果のない学校を辞める決心をしたが、妻の激励と娘の協力を得て、再度、学校改革へ取り組んできたことを思い出す。

読書活動で学校改革をしようと思ったが真剣に取り組まない。注意、叱責も成果なし。いつも他のクラスと比較して止めたいと私を失望させた。

次に取り組んだのは１００㎞完歩に挑戦させる提案を保護者にしたら驚き、「我が子には１００㎞は歩けない」「無理、無理」と散々抵抗したが、半強制的に実施した。保護者が予想したように二十九名中四名が完歩し、二十五名の生徒は完歩できなかった。これまで親の期待を裏切り続けていたが、完歩できなかった生徒達に三度の挑戦する機会を与えた。多くの生徒達が完歩し喜びを実感、共有した。これまで不安の中、見守ってきた親達も見事に１００㎞完歩を成し遂げた我が子の成長を見届け感動で涙した。親達の意識も変わってきた。「我がまま、甘やかしでは、子は育たない」と。

始業式、期待と不安で、登校してくる生徒達を見て安堵した。卒業生のような、髪を染めたり、ソリを入れた者がいない！　遅刻、欠席なし。全校生徒が登校してきた！

一年前の始業式、新任の先生方を迎えた時、一人も拍手する者がいなかったが、今日は大きな拍手で新任の先生を歓迎している。

生徒達の心に大きな変化が起こった！　そのあと押しは保護者の力もあるが、それを継続していくためには今後は先生方の根気が必要である。
（学校は私が予想した以上に変わった。今までの学校崩壊が遠い昔のようだ……）

生徒達が真剣に先生の話を聞いている姿を見て、生徒指導が不要になり暇を持て余していたので皆に申し訳ないと思った。そこで生徒の情緒を育てるため、生け花をしてみようと始めた。初めにサトウキビの三枚の葉の前にハイビスカスの一輪の花を添えた。自分が見てもよい出来栄えであった。

誰が生けたのか、学校中の話題になった。私が生けたことを知り生徒達は驚いた。今までの厳しい私の言動からは予想もつかなかったのだ‼

女教師が来て、「先生が生けたのですか？」と聞きながらも、「先生は飽きっぽいから直ぐに止めるでしょう」と言うのだ。共に読書活動も頑張ると約束して十日も続かなかった彼女、皮肉かそれとも嫉妬か？　他の女教師は「先生が生けて価値があります」と言う。

この日から転勤するまで四年間、生徒玄関、職員玄関を毎日生けることになるとは、その時は思いもよらなかった。

共に闘おう！

去年、新任の私が、諸々の事件の核心もはっきり掴めていないのに、生徒に向かって、「理不尽なことは絶対に許すな。先生ができなければ保護者、警察に協力を求めて共に闘おう！」と言ったが、根本の問題はまだ改善されていなかった。私が共に闘えと言っても、学校を仕切っているのは三年生で、長い伝統も知らないのに守れるはずがない、と被害に遭っている者達は思っていたようだ。

ある日、生徒間で暴行事件が起きて大怪我をしたと噂になった。主だった者に、いつ、どこで、誰が、誰にどのような暴行事件があったのかを聞くと、噂だから知らないと逃げる。すべてを知っているはずなのに。

また、暴行を受けている者も、先生にばれそうになると自分の身を守るのに徹底して嘘をつく。転んだとか壁にぶつかったと嘘を言って逃げる。後で先生に嘘がばれても、先生から受ける罰はたかが知れている。しかし、「密告」したことが加害者にばれると手加減なしで殴る蹴るの暴行を受ける。また加害者は暴行がばれないように目立つ顔や腕には傷をつけない。学生服で隠れるところに危害を加えるのである。

このように大きな被害を受けることになるので彼らは決して真実を明かすことはない!!

今までの悪習慣を改善するには、理不尽は許さない雰囲気、正義を教える学校にしないと、本物の学校改革はできないので「悪の根」を断つこと、これは自分がやるしかないと覚悟した。

全体朝会で檄を飛ばした。

「先生は十八年間高校生を見て、目的をもって勉強、スポーツに頑張っている者が悪さをしたり、事件を起こしたりした者を知らない。彼らは他の人に構っている時間がない、自分の目的、夢を叶えるために何事にも一生懸命に頑張る。しかしだ、勉強、スポーツに才能、能力がありながら、目的、夢のない者は、自分のやるべき勉強、スポーツ、芸術等々にも頑張らない。何でも難しくなると途中で投げ出す。すると、不安、不満が心の中に生まれる。寂しさを紛らわすために徒党を組んで、喫煙、飲酒、金銭せびり、イジメ、不良交友等々の悪さをする。そのような悪さに興味、感心がいき、やるべき勉強もスポーツも怠ける。今、君達の中で、金銭せびり、イジメに遭っている者は勇気を出して『金銭せびりをするな』『イジメをするな』と言え！

それでも金銭せびり、イジメをされるのであれば、夜隠れて、頭は大変だから、バットで足でも折ってやれ」

次の日、ＰＴＡ役員が来た。

「先生、村中の評判になっています。田島先生は若い頃は遊び人かチンピラかヤクザだったのか、と」

「子供達、親も理不尽な事件を見ても、見ざる・聞かざる・言わざるを決め込んで学校を荒廃させている。初めのうちは誰かがやってくれると思っていたが、保護者も先生方でも改革はできないことに気付いた。いろいろと不安もあるが、自分で改革をやるしかない。今、学校では金銭せびり、イジメ、金を持ってこないと暴行する。このようなことが生徒達を不安にさせ学校を荒廃させている。それを止めさせるには荒療治しかない。それで生徒達に共に闘おうと檄を飛ばしたのだ」

「先生、分かりました。先生の強い思いを聞いて嬉しいです。全面的に何事にも私達ができることは協力します」

そう言って帰っていった。

ある日、女生徒が来た。何事かと思ったら、

「帰りに家に寄ってください。父が先生に相談があるそうです。待っています」

言われたとおり彼女の家に行くと、父親が話し始めた。

「息子が胸が痛いと言うので病院に連れて行ったら、あばら骨が三本折れていて、外科医の先生は警察に言うように言われました。今まで子供達に信頼されていると思って子育てをしてきたのに、金銭せびり、暴行されて痛い目に遭っても親に相談しないし、闘いもしない。これで警察に訴えて済むのかと随分悩みました。子供は自分が守ってみせないと闘うことを知らない者になると思い、仕返しもあるかもしれませんが、加害者に抗議に行きました。自分の子供がこんな痛い目に遭っても闘わないのは残念です。しかし、もしまたこういうことがあったら、親子共に闘うと言っておきました。先生、子供が何を考えているか分からないです……。あのような状態になるまで親にも言わないで、毎日悩み苦しんでいたかと思うと無念です。また、息子の異変に気が付かず守ってあげられなかったことに悔いが残ります。今後、子供とどのように向き合っていったらいいのか……。でも、また理不尽な目に遭っても闘わなかったら家を出て行け、と言いました」

「出て行けとはひどい！　金銭せびり、イジメに遭い、悩み苦しんでいるのは自分で、悪いのはイジメている者で、僕は悪くない、責任もない！　間違っているのはお父さんだよね」

息子は母親に助けを求めた。

「いや、お父さんは正しい。こんな意気地のない子に育てた覚えはない！　お父さんの言うことを聞かなければ息子でもないから家を出て行きなさい‼」

　母親にまでそう言われ、彼は泣いていたそうです。

「自分が弱いから金銭せびり、イジメに遭っていると思っているので、自分の弱さを特に親には知られたくない。また、親、先生に告げると『密告』したということで仕返しが恐ろしくて誰にも言えない。そのようなことがまかり通っているのが学校の現実です。被害者が沈黙しているために理不尽なことが伝統として続いています。被害に遭った者達が最上級生になると、自分が体験した悩み、悲しみ、苦しみ、恐怖を下級生にはしないでおこうとは思わない。逆に自分がやられた以上のことをする。暗黙のうちに次の後継者が育っていることになる、次から次へと。……この学校の荒廃の現実です。この悪い伝統を断ち切らないと、代々続く。このことは能力、才能の発揮の妨げになって、この学校には高校へ進学もできない者が非常に多い。学校の悪い伝統を断ち切るため、『理不尽なことを許すな、共に闘おう！』と檄を飛ばしています。だからお父さんは最高の躾をしたと思います。闘うことが最善の解決策だと思います‼きっと息子さんは成長してくれます。……ところで学校は如何に対応すればいいですか？」

「先生、事件のことは聞かなかったことにしてください。息子をお願いします‼」

　私はあえて加害者は誰かと聞かなった。彼らも元は被害者なのだから。ただ、このような勇気のある親が沢山現れ、金銭せびり、イジメ、暴行された時、先生に告げて共に闘うことを期待した。

生徒に、今の心情を書いてくるように指示した。彼は今までの切実な心情をしたためてきた。今まで私が思い描いていた、金銭せびり、イジメ、暴行の受け止め方と違うのだ。読んで目頭があつくなった。

今までの体験から暴行を受けている時はしばらく、金銭せびり、イジメ、暴行はないだろうと安心すると言うのだ!!　暴行した後、加害者達は彼が親、先生に「密告」するのではないかと、息を殺して成り行きを見ているから、と。金の工面ができないと、難癖をつけられて人前で恥をかかされるのはつらい。

感受性の強い年頃の者のプライド、誇りに気配りができなかったことに心が痛む!!

お前、放課後、何処其処に待っていろと言われた時、最悪のことばかり考えて、授業どころの話ではない。腹痛、頭痛、心が混乱して生きた心地がしない。逃げればいいと思うが逃げた後の「リンチ」が恐ろしい、逃げられない。本当につらいと言うのだ!!

彼が、毎日苦しみに耐え、恐怖に打ちのめされて学園生活を送っていたかと思うと、荒廃した学校から理不尽なことを撲滅しなければ、と更に決意を新たにした!!

「君の親は、息子が理不尽な目に遭って、一人で悩み、苦しんでいたかと思うと悔しくて夜も眠れないと言ったが、先生も心が痛む!! お父さんは、今度だけは許すが今後は闘わないと絶対に許さない、と言っていたが、先生も彼らを絶対に許すことはできない。どうにかして仕返ししたい。よい考えはないだろうか？」

「仕返し!? よい考えなんて……」

「そうだ、仕返しして敵を取る!! 腕力で敵を取れないかな？」

「先生、それは駄目だよ!!」

「そうか？ それなら彼らと変わらないか？ いい考えはないだろうか……」

二人の間に長い時が流れた……。

「いいアイデアが浮かばないな。明日まで先生も考えてくるから、君も考えてこい！」

次の日、

「いい考え、浮かんだか？」

「先生、ないよう。分からない？」

「先生も考えてきたが、腕力では勝ち目はないが、頭では勝てるのではないかな！」

「何のことを言っている？」

「彼らは今、油断して勉強を怠けている。君の中学生活はあと一年半、勉強、スポーツに頑張れ！君なら絶対に勝てる!!」

彼も気が付いて、「先生、頑張ってみる」と決意した。

「勉強、スポーツに頑張って、彼らが羨むように見返してやれ！　君ならできる!!」

その後、彼が勉強もスポーツも生き生きと挑戦しているのを見て安堵した。

〔卒業後、加害者の結婚式に息子が招待されたと、彼の手紙から嬉しい報告を受けた。また、彼は一級建築士になり会社の社長になっている〕

玄関のクサリ

「明日、本校で、近隣の中学生の学習発表会があるので、玄関の鍵の代わりについている見苦しい七～八メートルあるクサリを外していいですか」

校長に聞いた。校長は言う。

「ＰＴＡ予算で購入したもので自分一存では取り外すことはできない」

「生徒達も落ち着いているので校長の責任で外していいではないですか」

私は語気を強めた。

「いや、駄目だ、ＰＴＡの許可がないと」

そこで緊急にＰＴＡ三役に集まるよう告げた。何事かと、会長以下十名余りの役員が集まってきた。

「明日、本校で、近隣の中学生の学習発表会があるが、玄関のクサリは見苦しいので外すように校長にお願いしたら、クサリはＰＴＡ予算で買ったもの、校長の一存では外せないと。それで皆さんを呼びました」

ＰＴＡ役員は「学校の最高責任者がこのような決断もできないとは納得できない」と戸惑った。

「生徒達も落ち着いているし、クサリは外していいのではないですか」

「先生がよければいいです」

こうして生徒達の心の重荷になっていたクサリが取れた。生徒達が、「先生、クサリがなくなってすっきりした」と報告に来た。

学習発表会に、私と入れ替えに転勤になったＡ校の先生が生徒達を引率してきた。各学校の発表を静かに聞き、終わると大きな拍手で称賛している生徒達の姿に驚愕した。私の隣の席に座っている元同僚に、「どうしてこうも学校が変わったのか」と尋ね、「田島先生が変えた」と話している。

私がここにいては生徒達の実態（本質）は理解できないと思い、席を外した。その後、生徒達の態度に変化があったのか、とほかの先生に聞くと、最後まで拍手で各校の生徒の成果を称えていたと。

生徒達の心の成長を実感した一コマであった。

本校の荒廃の原因は、金銭せびり、イジメ、暴行を受けても、他者にばれないように我慢する、自分が暴行を受けたと保護者、先生に言うと、弱虫、意気地なし、「密告者」と非難される。年頃の中学生には耐えがたいイジメである！ 長く続いた悪い伝統の実態が、このようなイジメを見ても関わりたくないので、見ざる・聞かざる・言わざると決め込む。たまに、そのようなことは許せないと、保護者、先生に告げると「密告者」となり、正義の闘いが非難され、その者の被害（リンチ）は計り知れないことになる。

理不尽な目に遭ったら立ち向かう正義の道理を教える雰囲気が、子供達の成長には欠かせないのに!!

これまで学校を仕切る先輩達から逃げ回っていた被害者が、毎日気になっていた。ターゲットになった者が保護者と共に闘う気概を示してくれることを期待した、今までのように水面下で金銭せびり、イジメ、暴行が行われていたら、学校改革は無理である。下級生の抵抗、正義の闘が表面化することに期待した。

対決の時

それは就寝直後のことだった。

（遠く離れた母の身に……）

しかし、それは、本校の二年生の母親からの電話であった。

「息子が明日から学校に行かないと言うので問い詰めたら、金を持って行かないとイジメ、暴行されるので、死んでも行かないと言っています。どうしたらいいですか」

「相手は誰ですか？」

「松田賢二です」

私は何度も何度も彼に間違いないかを確かめてもらった。母親から「何度も確かめたので間違いありません」と強い言葉が返ってきた。

「今から松田のところに指導に行きます。だから、明日、息子を学校に行かしてください。行かないと言ったらお母さんが必ず連れてきてください」

思い出す……半年前、彼の担任と家庭訪問に行った時のことを。

父親が息子を守ってあげないとならないのに、息子は怠けて学校に行かないので体罰をした。不登校の原因も知らないのに体罰をするとは許せない。賢二に席を外すように言った。

「賢二が病んでいると思ったらお父さんが病んでいるのではないか、許せん！」

言い争いになった。父親と私の激しい意見の対決に、母親はおいおいと泣いている。

「彼は身体にアザをつけ、服が汚れている原因を、いくら聞いても口を割らなかった。不憫でならない」

私と父親が言い争うのを聞いて母親は私達が帰るまで泣いていた。帰りに「担任がよくあんなことが言えますね」と他人事のように言う。

（賢二は、学校でも家でも守れない、かわいそうでないか……）

いずれ決着をつけなければならない相手である。彼が、金銭せびり、イジメから逃げ回り、父親にさえ誤解され、見放された彼が、金銭せびりをすると予想はしていたので、彼でよかったと思う反面、思い留ませることができない時は学校改革は無理かと思うと、頭が混乱して整理がつかない。どのように対応しようか、説得しようか、考えがまとまらない。

私より疲れているだろう体育教師の家内に、三五キロもある松田の家へ運転をお願いした。

（今は全力をあげて、賢二の金銭せびりを止めさせないと学校改革は頓挫する）

車中で私の腹は決まった。

（彼に同情はしない、今までのように厳しく指導する。彼の怒り、苦しみ、悲しみ等々、今までの忌まわしい過去をすべて吐き出させ、後は彼の良心に任せる!!）

彼の家に着いたのは午前零時半を過ぎていた。相手から抗議があったのか、電気がついていた。

父親は用事があると出て行った。今、「息子」を必死に守ってあげなければならないのに、父子に信頼関係がないので仕方がないと思った。父親は、私が厳し過ぎるから不登校になったと思っているので仕方がない。私が転勤してきた時と、彼が金銭せびり、イジメに遭い不登校になった時が重なっただけなのに……。


今までの、出来事が思い出される。

問題児も少数であれば指導の効果も期待できるが、三年生の男子五十名のうち四十名余りの者がラッパズボンに切り詰めた上着、額に剃りをいれ、残った髪を三色に染め、眉を剃り落として、我が物顔で学校を仕切っている。二年生は彼らが遠くのほうから見えると頭をペコペコ下げてへつらう。

この者達を相手にしていると朝から腹が立って、怒っている自分に嫌気がさして、一度は学校を辞めようと思ったが、「あなたが辞めては駄目よ」と妻に諭され、

「あなたはそのような子が好きだったでしょう」

ここまで来ると、好きとか嫌いとか言っている場合ではないのだが、縁あってこの学校に赴任してきたのだから投げ出すわけにもいかない。気を取り直して再度、問題児との対決を決意した過ぎ去りし日々が頭を駆けめぐる。

今日が、金銭せびり、イジメ、暴行の根を断ち切る日であることを期待して!!


母親と賢二の三人で話し合うことになった。

「どうして、下級生に金を持ってこいと言った！」

「僕も先輩とは何の関係もないのに金を取られた、金を持って行かないと殴る蹴るの暴行を受けた！」

「今からでも遅くない、先輩に金を返せと言え！」

「そんなことは死んでも言えない!!」

「死んでも言えない悔しい思いを、下級生にするのか!?　下級生と君とは何の関係もないだろ

う!!」

「何の関係もない！」

「絶対に許さん！」

彼は、自分が先輩達に金銭せびり、イジメられたから、後輩から「金を取り戻す」と言い張った。

そのような問答が何回も何回も……二時間余りも繰り返された。

これでは金銭せびりを思い止ませることは到底できないと思い、彼に提案した。

「君が先輩達に取られた金はいくらか？　先生が弁償しよう」

「そんなことでは僕の気持ちはおさまらない!!」

「何の関係もない下級生に自分が味わった恐怖、地獄を見せると言うのか」

「そうだ!!」

自分が悩み、苦しんだ地獄を下級生にも味わわせてやる、と言っているのだ。

「闘えという時は闘わないで逃げ回って、今になって勝手なことを言うな！　いいか、下級生から金銭せびり、イジメをしてみろ、その時は覚悟しろ!!」

「先生に、僕の気持ちが分かるか！」

「分からん」と強く突っぱねた。

「下級生に金銭せびりをしてみろ、その時は絶対に許さないぞ。必ず重い罰をするから覚悟しろ！」

彼は、私の対応に納得できないので益々怒った。自分が金の工面ができなくて逃げ回って不登校になった時のことを思い出すと同情されるものだと思っていたら、私にも攻撃されているので、「自分は金の工面ができないで悩み、苦しみ、先輩達から逃げ回って不登校になった」と強く私に訴えた。

「それを言うなら、君をイジメた先輩達に言え！　先生も協力する。先輩から金を取り返してもいい。下級生とは何の関係もない!!」

（賢二、君の心は痛いほど分かるが、理不尽なことをこれ以上許すことはできないのだ。今まで続いてきた悪い伝統を、ここで君が終わらすのだ。怒り、不満を先生にぶちまけろ。そうすれば心も晴れる）

心の中で叫び続けた。

話はかみ合わず、二人は大きな声を張り上げて、闘いは三時間余りも続いた。

その間、母親は二人の話を聞き、不登校の本当の原因は怠けではなく、金銭せびり、イジメ、暴行を受けて一人で悩み苦しんでいたことだと知り、親として息子を理解し守ってあげられなかったことを後悔して三時間も涙していた。

突然、彼はトイレの中に駆け込んだ。しばらくして中からドスン、ドスンと鈍い音が聞えてきた。その音を聞いていると胸が苦しくなり、彼が勇気を出して過去の忌まわしい出来事に決別することを祈らずにはいられなかった。

しばらくしてトイレの戸が開いて、彼は二階へ駆け上がっていった！

父親はとうとう帰ってこなかった。家族皆が同じく苦しみ悩んでいるのだ。

私が彼の家を出たのは午前三時半を回っていた。車の中で三時間も待っていた家内が心配して、

「話し合いはうまくいった？」

「いや、全く駄目だ！」

私の意図している意味が理解できないと、今までのように毎年、何名かの者が被害に遭い、その者が最上級生になると、また、先輩達と同じように下級生から金銭せびり、イジメ、暴力をふるって、あたかも敵を取ったと思い満足して卒業していく。自分が金銭せびりを止めないと、金銭せびり、イジメ、暴行がいつまでも続く。今までの私の指導の真意が理解できなければ、このような陰湿な伝統が受け継がれていく学校は学ぶところではなく、金銭せびり、イジ

メ、暴行が当たり前のように横行する恐怖の場が水面下でこれからも続くことになる。

（私の言ったことが不満であれば、今日は学校を休むことになるだろう）

しかし彼は何事もなかったように、晴れ晴れとした顔で登校してきた。

私が意図していることを理解してくれたことが嬉しかった。これで学校が平静になることを確信した。

その後、学校改革は日々、進む毎日であった。

心機一転

三年生は高校入試に向けて一生懸命に頑張っているのに、賢二には二学期になってもそのような様子が見えない。高校入試を諦めているのではないか、と思い、彼を呼び出した。

「勉強しているか？」

「先生、高校は駄目、できない！」

「どうした？」

「二年の時、沢山休んで怠けた」

「諦めるな、高校へ行きたいだろう？」

「無理、無理……」

「諦めるのはまだ早い、挑戦してみろ！」

「何も分からない！」

「先生の計画どおりにやれば可能性はある。皆と同じようなことをしていては間に合わない。六か月間は皆と縁を切る覚悟でやれ。これが実行できたら高校進学は可能だ。今日から毎日、学校から帰ったら七、八時間、死に物狂いで頑張れ」

彼はしばらく考えていたが、

「先生、頑張ってみる！」

「勉強は、小学校の教科書から勉強する。恥ずかしいと思ったらできないぞ……特に、国語、算数はしっかりやれ！」

我が子の今までの生活態度から高校進学は無理かと思っていたら、急に猛烈に勉強している姿に親は驚き、嬉しさのあまり毎日毎日、彼の好物のお菓子、ジュースを差し入れするようになった。

しかし彼は、母親の厚意が気に入らないと怒りをぶちまけてきた。

「先生、僕の親は僕を信用しないで、本当に勉強しているか、夜中に菓子やジュースを持って様子を見に来る！」

「何言っている？　どういう意味だ？」

「毎日、夜中に勉強しているか見張りに来る！」

「それが見張っていると？」

「そうだ、絶対に許さない！」

「君は親も信用できないのだな。君の今までの生活態度から息子には高校進学は無理と諦めていたら、君の突然の変わりように嬉しくて天にも昇る心地になっているのだ。そうじゃなければ、誰が夜中まで起きて差し入れするか。それを見張られていると思っているとは……恩を仇で返すとは君のことだ。親の気持ちも分からない馬鹿者が！　本当にそう思っているのであれば高校進学は止めてしまえ！」

「そうかな……見張られていると思って頭にきていたのに」

彼は更に猛勉強した。

（彼にはどうしても高校生になってほしいのだが……）

金銭せびり事件

本校の生徒が街で他校の生徒からの金銭せびりに遭い、金がないと断ると暴行された。我が校の者達はうっぷんを晴らすために、犯人が誰だか分からないのにもかかわらず、他校の生徒に手当たり次第に電話し悪口、暴言をはいて、今では学校間で険悪な状態になっていると、地域住民から不安が出た。

生徒達に事の成り行きを聞いてみると、街に買い物に行ったら金銭せびりに遭い、金がないと断ったら暴行されたので、電話で仕返しをやったと悪びれた様子もない。

地域住民を不安に落とした、前に起こった「集団暴力事件」という最悪の事態になりかねないと考え、緊急に両校の先生方で問題解決の方法を相談した。この問題は、各校で指導しても問題を解決することは難しいので、学校代表四名の者で話し合い（対決）させることにした。

学校代表として、いざ話し合い（対決）となって簡単に引いてしまうと相手校に負けたとなり、自分の地位も揺らぐ。そこで本校は互選で代表を選んだ。

選ばれた四名の者を連れて相手校に乗り込んだ。既にトラブルが知れ渡っていて、多くの者の視線で出迎えを受けた。本校の四名の者に緊張が走った！

生徒相談室に入ると、待ち構えていた四名の者達が鋭い目付きで迎えてくれた。私は静かに自分と四名の者の紹介をした。

「我々がここへ来たのは、我が校の生徒が街で金銭せびりに遭い、金がないと断ったら暴行された。そのようなことをした者に心あたりはないか？」

「そのような者は知らない！」

そして彼らも「電話で身に覚えのない悪口を言われて頭にきた！　絶対に許さない」と息巻いた。本校の生徒は「一方的に金銭せびりに遭い、暴行された。自分達は悪くない」と言い張り、電話で悪口、暴言を吐いたのは金銭せびりが原因だと責任逃れをする。しかし相手校も「金銭せびり、暴行したのは自分達ではない」と責任逃れをする。

話し合いは平行線、お互いに自分達の弱みを見せまいと眉を吊り上げ、肩をいからして相手を非難、威嚇する。トラブルを解決しようとする雰囲気ではない。険悪になってきた。

そこで彼らがどう出るか、提案してみることにした。

「根性と本心が知りたい。話し合いではまとまらないのなら、幸い、学校を代表して八名の者がいるので『腕力』で決着をつけようではないか。四対四だし文句はないだろう、決着をつけよう。学校で喧嘩しては問題になるので、近くの海岸で一対一で決着をつけよう。喧嘩の方法は素手でやるのかバットでやるのか、君達で決めなさい」

するとと、相手校の先生が「先生、喧嘩はいけません」と言う。生徒達も喧嘩は駄目と。

「先生、話し合いで納得できないと、今後、大きな事件が起こる可能性があります。私達が見守る中で決着させましょう」

相手を見ると体格も同じくらいだし勝つとは限らない。万一、負けることになったら、今まで築き上げた地位を失い、プライドも地に落ちる！　彼らに動揺が走った。先ほどまで肩を怒らし、眉を吊り上げていたのが嘘のように、

「なんで先生が喧嘩をさせたがる」

「今のままでは何の関係もない者が被害を受ける。条件は同じだから勝っても負けても文句はあるまい。先生が見守っている決闘であれば被害も少ないが、今までのように集団暴力事件になると大惨事になる。ここで学校代表として決着をつければ、皆に被害は及ばない。今の状況を解決するよい方法だと思って提案したのに喧嘩は悪いとは心外だ」

「先生、僕達で話し合うから時間をください！」

相手校の生徒が、ここで負けては示しがつかないと思ったのか、先ほどまでお互いに相手を威嚇していたのに、自分達で話し合ってみると言い出した。

「六十分だけ時間をやる。それ以上は駄目だ。先生、行きましょう」

「大丈夫ですか、生徒だけ残して」

「六十分で決着がつきます。それ以上になると問題は大きくなりますが、その前に決着がつくと思いますが……」

職員室で休んでいると、先生方が「生徒だけ残して大丈夫ですか」と案じている。

三十分ほどして私達を迎えに来た！

「話し合いはついたのか？」

「ハイ……」

（二時間でも話し合いに決着がつかなかったのに三十分で決着がつくとは）

「先生、僕達は同じ高校へ受験するので仲よくしようと決めた」

「金銭せびりの件はどうなった？」

「僕達が皆にしないように言う」

「三年生だけでなく、一、二年生にもしっかり伝えておけ。万一、事件が起こったら、君達八名に責任を取ってもらうがいいか？」

しばらく、沈黙。

「いいよ、先生！」

来る時の緊張から解放されて、晴れ晴れと校門を後にした。

給食時間も過ぎているので大衆食堂で食べることにした。

「おばさん、鉛筆、貸してください」

「この手拭きの紙に食べたいものを書け」

四名の者は、相手に見せないように食べたいものを書いた。

「先生は面白い人ですね」とおばさんが言った。

最初に沖縄そばが出てきた。彼は黙って食べた。次にスパゲティが出てきた。彼も食べた。三番目にオムライスが出てきた。

三名の者が食べて終わっているのに……やっと出てきた！　残りの一人はこの店で一番高い私と同じAランチであった！

「お前、先生の懐具合も考えないで、よくも高い物を食べる気になったね！」

彼はニコニコしておいしそうに食べた。

帰りの車中は無言であった。あとで聞くと三名の者が怒っていると言うのだ。

「自分で決めて食べたのに、先生に感謝していると思ったら怒っているとは……どこかおかしいのではないか？」

日々、いろいろな場面で成長を促した。

修学旅行準備

二年次の学年会で読書活動を始める時に、来年の修学旅行の荷物検査はしなくても済むように生徒指導を頑張ろうと確認した。その修学旅行の時が来た。

生徒は落ち着いているし、荷物検査をしなくてもいいではないかと再度提案した。

しかし、生徒は信用できない、何をしでかすか分からないので荷物検査をすると！

私は、この荷物検査を止めることが、目に見える生徒との信頼関係を構築する最大のポイントだと思っている。お互いに納得のいかない検査を続けていると、信用、信頼関係を育てることはできないと強く主張した。

先生方は私を生徒指導主任に後押したこともあり、渋々検査をしないことに同意した。

そもそもこれまでの荷物検査は、先生方が忘れ物はないかを確認すると言うが、本音は不要な物や違反の物（タバコ、ドライヤ、化粧品等々）を持っていないかを調べる。しかし生徒は、誰にも見せたくないもの（下着等）まで見られるのは、自分達が信用されてないからだと思っている。

互いに不信感を抱いているので、荷物検査をしないと事件、事故が起きた時には先生方の責任は重くなるが、荷物検査を止めることは生徒達との信頼関係を育むことになる。

団長（校長）に今までと違う点を詳細に説明した。

荷物検査はしない。しかし、校則に違反した者は、その場で沖縄に帰す。また、長崎のグラバー園では二時間の自由学習の時間を与える。これまでに自由学習の時間を設けるとは聞いたことがなく諸々の不安もあるが、生徒達の責任感と自立心を育てるためには大事なことではないか、と提案した。

校長は、先生方が検討して決めたことであればよしとした。

今までの学校崩壊の大きな原因は、約束を守らない、守らせることができないこともその一つだと思っているので、修学旅行の荷物検査をしないことは重大な意味を持つ。


生徒達に「修学旅行の荷物検査はしない」と告げた。生徒達から大きな歓声が起こった！

しかし、「校則違反した者は途中でも沖縄に帰す」と再三再四注意し、責任の重さを啓蒙した。

更に、長崎のグラバー園での二時間の自由学習の時間を与えることも伝えた。

「荷物検査はしないと言っても必ず検査をする。先生は信用できない」というグループと、「検査しないと言ったら検査はしないと思う」という二つのグループに分かれた。前者は「長崎での自由時間も嘘だろう」とこちらも信用しない。

我がクラスの家出少女も二年次に１００㎞完歩後、改心して学園生活を楽しんでいる。なんと検査の件で相談に来た。

「先生、本当に検査しないの？」

「検査はしない、約束したことは守る！」

「本当！　先生」

「本当だ！」

「だったら、私、タバコを止める」

「……タバコを吸っているとは知らなかったな」

なぜか嬉しそうに帰っていった。

修学旅行の日が近づくと、「検査する」「いや、検査しない」で生徒間は盛り上がっていた！

過去にどのような事件、事故があったのか……。

恥も外聞もないのか、中学生の修学旅行に親（ＰＴＡ役員）がついてくると言う。今までそのようなことを考えたことも聞いたこともないので、絶対に許さない！　と何度も何度もＰＴ

A役員に抗議した。

「本来、生徒達から父母の参加に抗議すべきと思うが、この者達は物の道理が分かってない。自分達は親にも信用されてないことに気が付かない。親も子もプライドがないのだ」

先生方が反対と抵抗したが、予算もPTAからの拠出なので、役員は校長を説得して結局ついてくることになった。


また、旅行の日程が決まると、同船する五〇キロも離れたA中学校から「打ち合わせをしたい」という連絡が来た。先方も荒れているが、本校の悪い噂は県下に知れ渡っているので是非にと。

相手校の生徒は本校の三倍……「本校の生徒は負ける喧嘩はしません」と言ったが、結局、打ち合わせに来た。

修学旅行へ

荷物検査はしないで荷物は車に詰め込んだ。生徒の中には勝ち誇った顔をしている者もいる。先生方は信用できる、約束を守った、と。

さあ、いよいよ修学旅行の出発である。

乗船はA校の三百名余りが先になった。デッキから我が校の百名余りを見下している。目と目が合っては後々大変なことになることを知っているので、我が校の生徒は、皆、下を向いて乗船した。船にはA校三百名余り、B校百五十名余り、本校の百名の三校が一緒になった。

私が船酔いでつぶれていると、先生が急いできた。

「田島先生、大変なことになっています！　本校の生徒がB校の生徒と一緒になってA校と睨み合っています。早く来て指導してください」

船酔いで歩くこともままならず、指導ができないので「先方の先生方に指導をお願いしなさい」と言うと、しばらくして、「益々険悪になって今にも乱闘が始まります」と言うのだ。

「そうか仕方がない……船から落ちないようにしっかり頑張れと伝えて」と言うと、

「なんということを言う！　それでも先生か!!」

怒って出て行った。

しかし、その後の報告はなかった。


二日目、生徒の一人が熊本でタバコを買って吸った。

三日目、大分で私が添乗員との明日の予定の打ち合わせから帰ると、四名の者が階段で喫煙しているところを見つかり、先生からの指導の最中であった。女教師は「再三再四、校則を守るように注意したのに、なぜ分かってくれないのか」と涙を流しながらくどくどと説教している。初めて先生方が生徒達に真剣に対応している姿に感動した。この場の指導は先生方に任せることにした。

階段に座っている生徒に「どうした？」と声を掛けた。黙っているので、

「君はどうした？」

「一緒にいたけど、自分はタバコは吸ってない」

「言っておくが、万一、吸っていて罰を逃げたら、これから先、君はどうなるか知っているよ

ね」

　黙っていたが「一緒に吸いました」と。

「指導もほとんど終わっているようだし、後で皆に謝っておけ！」

　先生方は今後の措置についていろいろと検討した。現実の問題として、本校の生徒は半数の者が喫煙しているのに、今までその指導ができないでいた。はたして喫煙で帰して保護者は納得するだろうか、と先生方は自問自答して悩んだ。

「私は喫煙するより、先生方の指導を無視して約束を破ったことがより重大で、今までこのようなことが指導できなくて見逃してきたから学校崩壊になっている。断固、約束どおり沖縄に帰す」

　しかし、先生方がどのような指導するか、経過を見守ることにした。

「再三再四、校則違反した者は帰すと厳しく通告したのに不問にしたら、先生方の都合、保身のために不問にしたと思い、生徒は益々先生方を信用しなくなり、これからの指導が難しくなることは目に見えている。生徒達のためにも心を鬼にして帰すべき」

　厳しい結論になった。先生方の真剣な態度に学校改革は成功すると確信した。

　話し合いの結果を踏まえて、団長（校長）と話し合うことにした。午前一時、校長に生徒四名の喫煙について詳細に説明した。先生方の結論は約束どおり沖縄に帰すことに決まった、と。

校長は出発前、先生方が検討して決めたことであれば結構としたが、現実に事件が起きたら先生方と同じく喫煙で帰していいものか迷った。そして校長は「帰したくない」と！

「再三再四、違反した者は帰す、と言ってきた手前、先生方がその約束を破ったら、生徒から更に信頼を失うどころか、益々、先生を甘く見るようになり、指導は今以上に難しくなる」

先生方は一歩も譲らない。日頃体験したことのない先生方の強い抵抗に校長は困った。

「沖縄に帰すと言った私自身が約束を守らないと信用を失いかねない。学校改革は頓挫する」

午前二時、中座して添乗員に生徒四名と引率の先生の電車と航空券の手配をお願いした。責任のすべてを自分で取る覚悟で……。

校長と先生方の激しい主張を聞いて、先生方が生徒のことを真剣に思っている姿に更に感動した！

午前三時も回り、校長も自分が約束をしたことで先生方を説得できないと思って、先生方の主張に渋々同意した。


先生方は、夕食もとらず疲れていた。

「目的もはっきりしないのに参加するな」と厳しく対峙したＰＴＡ役員に、相談しなくてもいいが後で無視されたと言われたら面倒だし、一応意見交換をすることにした。昨日の事件と先生方の指導の結論を詳細に説明した。あとは、ＰＴＡ代表と先生方の話し合いを設定し真剣に討議した。

ＰＴＡ役員は「最後まで全員一緒でないと修学旅行の意味がない」と強く主張して譲らない。日頃、先生方の注意、叱責を無視して指導に従わない。違反した者は帰すと再三再四、指導した先生が約束を守らないで帰さなかったら、口先だけ自分達の都合のいいようにしていると、益々、先生方を信用しなくなる。

激論になりお互いに譲らない。先生方は生徒のために心を鬼にして沖縄に帰すと決めたのに強い抵抗にあってイライラしてきた。

（口には出さないが、信用されず、道中見張られていると思っているので、ＰＴＡ役員には不満を持っている）

これ以上、話し合ってもよいアイデアが生まれることは期待できないので断を下した。

「処罰は先生方が責任をもってします。皆さんは沖縄に帰ったら保護者に誤解のないように説明してください！」

午前五時を回っていた。

皆、各部屋に帰ったが校長だけ残った。「田島先生、帰さなくてもいい方法はないか」と聞くので、不用意に「あるにはあるが……」と言った。

（シマッタ！）

校長は今まで沈痛な顔をしていたが、生き生きして部屋を出て行った。

興奮して眠れなかった。帰ったら学校対抗の地区駅伝大会があるので、外はまだ暗いが駅伝部のメンバーを起こして別府市へ繰り出した。二十名余りの男女の足音が静かな別府駅前のアーケードに響き渡る。その足音が三十年経った今も聞えてくるようで忘れることができない。

朝食後、「昨日喫煙した四名の今後について、先生方は夕食もとらずに朝の五時まで真剣に検討した結果、校則違反をした四名の者を約束どおり沖縄に帰すことにした」と告げた。

「エッ！　まさか……」

生徒達は驚き、静まり返った。

校長は彼らがドアから出て行こうとすると、生徒が見ているのに遮るようにして立ちはだかり、

「田島先生、よいアイデアがあると言ったではないか！」

「皆で決めたことですから、良しとしましょう」

引率の山内先生と四名の者を送り出した。

小雨の降る中出て行く四名の者に、二階の窓から泣きながら激しく手を振り見送る光景を見

て、生徒達と今なら心を開いて真剣な話し合いができるのではないかと思い、山内先生に、「今から生徒達と話し合いを持ちたいと思うので、結果はこのホテルか今日泊まるホテルにメッセージを入れておく。博多駅か空港に着いたら電話して結果を確かめるように」と言って送り出した。

校長と先生方に「午前中の別府温泉の地獄めぐり見学はキャンセルになるが、生徒達の見送りの光景を見ると、今なら生徒達と真剣な話し合いができるのではないか」と提案した。帰すことに未練があった校長も先生方も皆賛同した。

生徒達との話し合いは長々と続いた。生徒達の意見がことごとく他人事のように聞えたのですべて拒否した。

「自分達が一生懸命に考えて意見を言っているのに、なんで分かってくれないのか！」

生徒達が泣いて訴えているが許さなかった。

全体での話し合いではまとまらないので、クラス単位の話し合いを二度、三度設定したが、この四名の者と日頃仲がよくないのか、納得のいく意見が出ない。

（この者達は何を考えているのか、理解できない発言、心の冷たい者達だ……）

昼食時間も刻々と迫ってくるし、その場所へ移動しなければならないので、この場をまとめるにはどうしたらいいかと焦ってきた。

その時、二年次に１００㎞に挑戦した後は、友情や苦難に耐えることを学び、荷物検査をしないと告げた時、「タバコを止める」と言った勝美が泣きながら、

「この学年は男も女も二分されていて、お互いに相手の悪口を言ったり口喧嘩して仲が悪い。相手の失敗を喜ぶ。同級生は助け合わなければならないのに、彼らの喫煙も知っていて見て見ぬ振りをして……これは彼らだけの責任ではない！　自分達にも責任があるのに、今後そのようなことがないように仲よくしていきたい‼」

どうまとめていいか苦心して迷っていたのに助かった！　私が拒否しないので受け入れられたと思って、彼女と同じような意見が続々と続いた。……長い話し合いは決着した。

長い話し合いが終わってほっとしていると、男生徒が「四名の者は帰ってしまったからもう手遅れだ！」と怒っている。

（お前は、彼らが日頃タバコを吸っていることを知っていただろう。せめて旅行中だけでも止めておけと注意すべきではなかったか？　自分は何もしないで勝手なことを言うな！）

ムカッとしたが黙っていた。

女生徒が「先生、別府の地獄めぐり見学ができなくて残念でしたね」と言う。

「誰も今まで地獄を見たことがない。しかし、あの温泉は見るからに恐ろしいので地獄にたと

えているのだ。本当の地獄は君達が友のために流した涙のことなのだ。地獄めぐりを見たければ新婚旅行にでもおいで」

彼女は納得したのかニコニコと頷いた。

一九七〇年代で通信網がまだ発達してない時代のこと。彼らが私達のもとに帰ってくるという確信がない。

午後七時半、不意に五名の者がホテルの玄関に現れた時は、生徒達も校長も先生方も興奮！大歓声、拍手とバンザイで彼らを迎えた。

相手を思いやることに気付かなかった者達が一体となって喜びを爆発させている姿に成長を実感した。

引率教員の山内先生の話によると、博多駅からホテルに電話して、皆のもとに戻ってくるように、と聞いた時、四名の者は、バンザイ、バンザイと感情を爆発させていたという！

添乗員は、昨日から電車、航空券の手配で苦労させたが、このような修学旅行は初めて。非常に感動したと共に喜んでくれた。感謝、感謝である！

長崎でのこと。グループで二時間の自由研究の時間をどのように活用するか、事前に指導してきたが、言葉の不自由と地理への不安で楽しむことはできないはず。……いずれにしろ未知なところで自由になることで何か得るのではないか。彼らにとっては初めてを経験することも教育、彼らの心身の成長に期待した。

我々は商店の一室を借りて生徒達との連絡場所にした。

私は喫煙事件後、生徒達との対応を一手に引き受けた疲れがドッと出て、鼾をかいて寝てしまったようだ。校長が「田島先生は頭の毛は少ないが、その分肝に毛が生えているはず」と、人の気も知らないで先生方に話していたと！

「田島先生、時間です、起きてください、生徒達を集めないと……」

「先生、生徒達は集まっています」

「どうして分かるのですか？」

「行き場がなくて二時間退屈していますから」

私の予想どおり、私達の姿を見てバスの窓から早く早くと手招きしている姿を見て少し情けなく感じた。

修学旅行から帰った後は、生徒達の心の成長を見て、学校改革が日々、進んでいることを実感した。いつまでも心に残る感動の修学旅行になった！

最後の抵抗

皆、高校受験に向けて勉強しているが、私に不満のある者はたぶんこのままでは治まらないと思っていた。二年次に金銭せびり、イジメに遭い、いよいよ自分達の天下が来たと思ったら、理不尽なことは禁止と押さえつけてきたので、いつか不満が爆発する。

その「いつか」が卒業式の日では学校改革は頓挫する。それは非常に困るが、これがなんと、私も予想がつかなかった、高校への願書提出日、私が二年生の授業中に起こった!!

「田島先生、大変です！　三年生が酒を飲んで校門に押し掛けています。早く早く来てください！」

来るべきものが来た！　卒業式でなくてよかった。卒業式の日に混乱しては、学校改革は頓挫するが、なぜ今日なのか、理解できない。もう内申書とは関係ないと思っているのか。大事な高校入試前に不満をぶちまけるとは、これが中学生の実力か……。この者達はことごとく抑え込まれイライラしていたのか。もう内申書にも関係ない！　担任の先生も願書提出のために出ている。今がチャンス！　自分達の行く手を阻む憎き奴……ターゲットは田島清だ！　というわけである。

この者達と立ち回りをするわけにもいくまい。暴行されてチビッタでは後々の笑い種になる。トイレで小便をしながらどのように対応しようかと思案していると、「田島先生、早く早く」と急かす。

校門では飲酒した生徒と若い教師が対峙している。その周りを沢山の生徒が取り巻いている。酔っぱらいの四名の者は興奮して大声でわめき、先生方をこづいている。

皆、私に注目した。

「酒を飲んでしか自分の考えも言えないのか！」

一喝した！　気迫に負けて、今まで殺気立っていたのにシュンとなった。

「君達の言い分は何か聞こう……職員室へ」

職員室でまず語った。

「急性アルコール中毒を知っているか？　新聞によく出るだろう。大学生が新入部員に無理やり酒を飲ませて、急性アルコール中毒になって死亡したとか……」

この者達はビックリして喉に指を入れて嘔吐しようと懸命だ。まだ死ぬのは早い。怖いと思ったのか？　これで、この者達が今までのすべての不平不満を消化し、学校改革を前進させて卒業していくかと思うと安堵した。

「君達の言い分とは何か？」

「高校に提出する内申に関係ないので、先生と親に文句を言うために酒を飲んだ！」

「君達は本当に馬鹿だ。中学生にもなって物事の善し悪しもまだ分からないのか、情けない。このようなやり方では、君達がやりたいこと、望むことは何一つ成功しない。相手を納得させるようにもっと勉強しなさい。このようなやり方では自滅だ」

　緊急に保護者を呼び出した。父母は愕然とした。息子達の高校進学を楽しみにしていたのに、これで高校進学は無理かと。

「家では先生の言い付けを守るように、学校では親は子供に期待しているから親の躾を守るようにと聞きたくもないことを聞かされ、また、今まで自分達がやるはずの金銭せびり、イジメができなくて我慢してきたのに……親にも先生にも不満だ！　もう内申書も関係ない！」

　ここでキレた‼　昔、遊び人だった親が、

「自分は家が貧しくて小学校も三か月しか出ていない。家内のためには死ねないが、子供のためならいつでも死ねると、子に夢を託していたのに。先生、どうしたらいいですか？　息子を助けてください」

　親は悩みに悩んだ。真剣に息子を助けるにはどうすればいいのか、と聞くので、

「あなたの今までの生き様を全身全霊で表しなさい。明日の全体指導が佳境に入ったら土下座

して先生方に謝りなさい。そうでもしないとあなたの息子の改心は難しい。お父さん、あなたの息子は親も私も信用してない。いつも懐疑心の目で見ている。よいことだから教えてあげよう。息子は知能指数160以上もある。本来ならクラス、学年、学校のトップになって模範生になっているはずだが、猜疑心の目で私を見ているので信用しない。先回りして相手の揚げ足を取る。それで成長しない、指導ができない、残念だ！」

全体指導の時、父親は土下座して先生方に、

「この事件は子供のしでかしたことであるが、その原因を作ったのは親です。許してください」

ジュウタンに頭を押し付けて謝った。校長、先生、父母、子供達は今まで見たことのない光景に衝撃を受けた。これまで彼は親も先生も自分達の行く手を阻む嫌な奴と思っていたが、父親が僕の一番の味方だったことに気付いた！

卒業するまでの短い期間であるが、担任、生活指導部、校長で指導に当たることにした。

学校は、この者達の子供、孫の代まで、楽しい学びの学園になることを確信した。

＊

（生徒の反省文）

自分達が、先生方の指導を逆にとって先生方を信頼せずに信じなかったことが原因で、いつも田島先生にいろいろと話してもらっていたけど、父の話をされた、お父さんも頑張っているので君も頑張れと、自分としてはいつも比較されていると、いい気がしなかった、お父さんはお父さんで、田島先生や先生方の躾を聞いて一生懸命に頑張れと言う、学校も家も嫌になっていた。

自分が間違っているのに気が付いたのは、お父さんが土下座して先生方に謝っている姿を見て、自分は取り返しのつかないことをしてしまったと後悔した気持ちでいっぱいです！　お父さんは、田島先生や先生方の味方ではなく、いつも自分の味方だったことに気付いた、気付くのが遅かった！

先生方も僕達をよくしようと思って、ガミガミいっているのを逆恨みして酒を飲んでしか訴えることができなかったのは悪かったと思っている、こういうことになるまえに、話し合いすればよかったのに、自分達が不満に思っているのは、一年、二年生の時に先輩に金銭せびり、金を持っていかないとイジメ、暴行された、自分達にも、先輩達のように我がままをさせろと言っていることが中学三年生だと思うと今は自分が恥ずかしい。このことは一生、後悔する、今まで、こんなに苦しい思いをしたことはなかったのに！

全校生徒、先生方の信頼を取り戻すにはどうすればいいのか本当に苦しいです。

高校入試で頭がいっぱいなのに友達が心配して励ましにくるし、自分達の誤解がもとで起こしたことが恥ずかしい、苦しいです。お父さんも、お母さんもこの反省文は、自分の思っていることをしっかり書きなさいと言う。

謝っても、謝り切れないほど取り返しのできない、親、先生方、在校生の皆さんに申し訳ありませんでした！

＊

この事件が卒業式の日でなかったことは、神に手を合わせずにはいられない!!

卒業式

学校改革は目に見えて進行していった。

前にも書いたとおり、今までの遅刻指導、不登校もなく、生徒指導主任が暇を持て余しては皆に申し訳ないと、そして生徒達の心の癒しになればと、生け花を始めた。生けるところは生徒用玄関と職員玄関の二か所。

花を買って生けないと決めた。しかし、困ったことが起こった。野山、浜辺、畑から取ってくる花は、水あげが悪く一日で萎んでしまう。毎日毎日草花を取るので、明日生ける花を探すのに長い時間を要した。

ある時、花を探していると、菜の花が咲き誇っている。これ幸いと刈り取っていたら、所有者のおばさんが来た。「種にするために大切していたのにどうしてくれる」と怒り出した。私は平謝りに「種は必ず都合しますから」と謝っていると、

「花はなんに使うか?」

「学校に生けようと思っていました。申し訳ありません」

頭を下げていると、意外な言葉が返ってきた。

「先生さんですか?」

「ハイ!」

「全部取ってください、種は親戚から都合しますから」

「これだけで十分です」と言ったが全部もらうことになった。一抱えもある菜の花、感謝である!

菜の花にハイビスカスの花を散りばめて生けた。ハイビスカスの花を取り替え、水を入れ替えて二週間ももった。


入学式、卒業式、PTA総会等々の生け花も四年間も生けるようになった。

卒業式前になると花吹雪に使う菊の花を求めて全島を生徒達と探す。四、五日もかかったが、そのうち菊を集めるコツが分かるようになった。夜、電気がついているところを探しておき、卒業式前になると生徒達と行き、売れ残っているものをもらうことにした。偶然に五十坪ほどの菊が売れ残っているので、持ち主に、

「卒業式の花吹雪に使いたいのでもらえませんか?」

「取り残しました、早く取ってください。そのままにしておくと世間体が悪いですから」

「私も農家の出であるので売れ残るのは心が痛む」

女教師にその菊の話をしたら菊を見に行った。見事な菊の花を見てタダでもらうのは心苦しいと、二～三キロもある魚をプレゼントして菊の主に感謝された。

しかし、毎年菊を集めるのに四、五日もかかったが、生徒達との楽しい時であった。菊の量は在校生、卒業生の保護者の分まで三キロ入りのビニール袋を三百袋用意して卒業式を迎えた。

卒業式の式次第を見て、

「なぜ、私の名前があるの？　あと、先生方の時間の配分があるが私のところだけ抜けているが」

司会の者に持ち時間を聞くと、

「先生の好きなだけ話してください」

式が進むにつれて皆、泣いている。この者達との二年前の始業式での出会いを思い出さずにはいられない。

三三五五登校してくる男生徒の出で立ちを見て肝を冷やし、新任の先生方の歓迎もしなかった者達。拍手は手で打つものではなく心で打つものだと啖呵を切り、初対面から闘いを挑み、金銭せびり、イジメを許すな、先生と共に闘えと。笑顔もなく、感情を殺し、人を疑い、若者らしくない君達に闘いを挑み、一度は敗れたが、あなたが諦めては駄目よと妻に励まされ、自分の力不足を反省し、視点を変えて再度の挑戦。君達と共に先生も成長して今日の卒業式を感動して迎えることができたことに感謝する。

生徒達にしてみれば二年間、読書活動、１００㎞への挑戦、修学旅行での出来事、日々の出来事を思い出して、担任も、女生徒、男生徒も多くの者が泣いている。卒業証書授与の時には涙して顔も上げないで泣いて別れを惜しんでいる。

二年次に先輩達に金銭せびり、イジメに遭い、金の都合ができない時は暴行され不登校を繰り返し、悩みに悩んでいた賢二に、先輩と同じような金銭せびり、イジメは許さないと指導した。不登校が原因で一度は高校進学は無理と諦めていたが、彼は人生の目的を見出し、奮起して高校入試に合格して、親、先生方の期待に応えた!!

よくぞ、ここまで成長した！　今から新しい人生が始まる。健康で、才能、能力が発揮できるように頑張れ、と心の中でエールを送り続けた。

在校生、父母の作った花道を、菊の花吹雪で彼らの今後の飛躍を期待して送り出した!!

私の三十五年の教員生活で最高の卒業式になった!!

このクラスの卒業式後も、毎年、希望者を募って生徒達を１００㎞完歩に挑戦させた。

１００㎞に挑戦した者達は心身共に成長し、学園は落ち着き、学習活動やスポーツ活動、図画、作文コンクールに、県下で入賞、入選するようになった。

三十五年ぶりに賢二と父母に会った。母親が、

「先生があの時（賢二が後輩から金銭せびりをしようとした時）、家に指導に来なかったら、本人も私達も……息子は暴力団員になっていたと思っています。今、親子三代、一つ屋根の下で幸せに暮らしているのは先生のおかげです。賢二も今では百二十名を抱える社長になり、中学の時に彼をイジメ、金銭せびりした先輩達と共に働いています、彼らはこれまで結婚式、子供が生まれた時、幸せなことがあると挨拶に来てくれます。こんな幸せなことはありません‼」

当時の状況を本にしてほしいと何回も何回も哀願されて実践書としてまとめることにした。悪しき伝統を変えてくれた、恩納悟、新垣和也をはじめ彼らの仲間に感謝である‼

また、新垣和也が中心に二十名余りの教え子達が一日観光に招待してくれた。卒業後三十年のことである。

この本を書くにあたり、久しぶりに学校に行ってみた。生徒達が元気な声で挨拶してくれた。今、彼らの子、孫達が学園生活を楽しんでいる姿に、私が予想したように学校は確かに変わったことを実感した。こうして本書で三十五年後、当時の彼らと共に切磋琢磨して成長した成果をまとめた。

■第５章

県下でも「ウワサ」の中学校へ

「ウワサ」の……

県下でも問題校と「ウワサ」の高い那覇市のＹ中学校に赴任。一年一組の担任と生徒指導係になった。

クラスで自己紹介をした後、生徒達にも自己紹介させた。ぼそぼそと小さな声で自己紹介をしているので大きな声で自己紹介させた。皆緊張していた。

保護者には遅刻はさせないように、休む時には必ず学校に連絡するように、を強く要求した。生徒達には遅刻、逃げは絶対に許さない、授業中は先生の説明を静かに聞くよう厳しく注意した。

担任になったらいつものことながら、机、イス、教卓等々をすべて外に出して、私が先頭に立って手本を示しながら、教室を石鹸をかけて洗い清める。

生徒達の自立心が強いと「先生、自分達で責任をもって清掃するので先生は来るな」という提案が生徒達から来て皆に聞く。

「皆が賛成であれば生徒達に任せる」

このような提案があればクラスはまとまるが……彼らからはなかなかそのような提案がない。

いつも私が先頭に立って清掃活動をしていた（……先が思いやられる）。

二百名余りの一年生は情緒不安定で落ち着きがなく、授業中も私語、悪戯が多く、先生方を困らせ、四十五分間の休憩時間には鬼ごっこ、陣取り等で廊下、教室、窓を飛び越え走り回り、勢い余ってガラス戸に体当たりしてガラスを割る。初めは注意して許していたが、あまりにも割る者が多いので弁償させた。これで直るのではないかと期待した。しかし、弁償させても全く効果なく、先生方は日夜悩まされていた。

学校を爆破したい

我がクラスは、ガラスを割る者はいないが二、三名が授業中、私語、悪戯して先生方を悩ませていた。そこで、どうして私語、悪戯して皆を困らせているのか、話し合うことにした。

「どうして授業中、静かに先生方の説明が聞けない？　それについて話し合ってみたいと思う」

山城が「先生、誰が学校を作った？」と聞く。昔の寺小屋の話をしようとしたら、

「そんなものは関係ない、面白くない!!」

「そうか、面白くないか」

「学校を爆破したい!!」

「オイ、オイ、何を言い出す」

「学校はテストがなければ天国だけどな……」

「そうか、天国か」

「山城は学校を爆破したいと言うが、皆も学校はないほうがいいか？　昔、学校がない時は、君達の年頃になると親と共に働いていた。学校がないと、勉強したりスポーツをして身体を鍛

えたり、何より友達と切磋琢磨して遊べない。また、学校で勉強して偉人となり、多くの人々を助けた人もいるぞ」

「そんな者とは関係ない。僕は絶対に高校へ行かない。勉強は大嫌いだ‼」

「山城、勘違いしているのではないか？　中学校は高等学校へ進学するためだけにあるのではない。君達が実社会に出て仕事についた時、いろいろな仕事があるので、その仕事を理解するのに困らないために最低限の勉強するのが中学校だ！　高等学校に進学しないから勉強しなくてもいいと思って、私語、悪戯をして皆を困らせているのか？」

「だって、面白くないのに！」

「そうだな、高校へ進学するための勉強だと思ったら、君が言うように面白くないはずだ。

しかし君は面白くないが、中にはいつも新しいことを学んで、勉強に興味、感心が出て先生の授業をもっと聞きたい、勉強したいと思っている人もいると思うよ。また、将来の夢を叶えるためには、今は、勉強は嫌いだけど勉強しているとか、面白くないが私語、悪戯したら皆に迷惑になると思って我慢しているとか。山城の思っていることも分かる。しかし、考えが浅いと先生は思う。

先生が君達の年頃は主に農業が中心で自給自足だった。イモが主食で毎日イモを食べていた、味噌も自分の家で作る。仕事は豚、牛、にわとり等を養う、卵は街に売りに行く。卵を食べるのは病気になった時ぐらいだ。動物を養うのは家庭で作れない調味料、カツオ節、着物等々を買うためで町に売りに行く、今の時代は貿易の時代、世界中からいろいろのものが輸入されている。世の中は変わった。

恥ずかしい話だけど、先生は小学校の五年生まで文字を知らなかったが、三年生の時、三つの事件が起こった、今も忘れない。一つは、終戦直後のこと。今日食べたら明日は何が食べられるかと困っていた時代だった。先生が今まで食べた物で一番美味しかった物は何ですか、と聞いた。僕達は、玉子焼き、ご飯、芋天ぷら（当時は車に使うモービル油で揚げた）と答え、戦争で両親を亡くして親戚に預けられていつも鼻を垂らして元気のない義和君に先生が『今までに食べた物で一番美味しかったのは何』と聞いた。義和君は小さな声で『ひもじい時に食べるのが一番おいしいです』と。先生は大きな声で泣いた。先生の気持ちを何も知らない僕達は、その先生を泣きむし先生と呼んでいた。

二つ目は、先生が何か質問をした。クラスの五十名余りの者が、ハイ、ハイと皆、手を上げている。その時、読み書きができない者が私、義和君を含めて五名いた。皆、手を上げているのを見て私のプライドが傷ついた。まさか当たるとは思ってないので私も手を上げた。驚いたのは先生である。今まで一年を二回落第させても、先生方がいろいろな手を尽くしていろいろなことを教えても、何の反応もなかったのに自分の教え方がよかったかと思ったのか、『ハイ、田島君！』と指した。次に驚いたのは私である。当たるとは思っていないのでビックリして立ち上がり、大きな声で『分かりません!!』と。クラスは爆笑であった。その後、手を上げるのが苦手になった!!」

山城が「先生はアンポンタンだったのか？」と言う。

「そうだな、アンポンタンだったな。もし、次のことがなければ勉強してない！　三つ目は、小学校生にもなると、男の子は馬、牛の食べる草刈り、畑仕事、女の子は子守、洗たく等々を手伝う。製糖時期になると夜中からサトウキビを搾るために子供もかりだされる。子供は、機械を回す馬が休まないように、ムチを持って馬の後を追う。また、機械にキビを入れる仕事を手伝う。その時、搾りかすがまだ甘いので、大人になったら、もっと大きな糖液を搾る機械を造って、農家を助けようと思った。そのような夢がないと勉強をしていない!!　人生には、自分の思いのままにならないことが多い、しかし、目的、夢があると夢を叶えるためにはつらいことも我慢することができると思うのだ!!」

ここでもう一度尋ねた。

「山城、本当に高等学校に進学しないのか？」

「絶対に行かない、死んでも行かない!!」

「それは死んだらいけないよ……命が一番だ」

困ったな、いつも先生を困らしているのは山城だと言うが……。

「君が勉強するようになれば、クラスの皆、静かに勉強できるのに」

山城が、腕力がまさっていつも馬鹿にしている花城に、

「花城、君は高校へ進学するか?」

「します!!」

「三年後には高校生か? 山城は勉強は大嫌いだそうだ。君は勉強は好きか?」

「勉強は好きではないけれど、我慢して勉強しています!」

「そうか、我慢して勉強しているか、偉いな! 大学へはどうする?」

「親はできるところまでさせると言っています」

「勉強して大学生になるか。将来は指導者だね。君は忍耐強いし、明瞭活発だからよい指導者になれると先生は思う、頑張れ!!」

即座に聞いた。

「山城、本当に高等学校へ進学しないのか?」

「行かないと言ったら絶対に行かない」

「中学校を卒業したら働くのか?」

「そうだ‼」

「そうであれば、君は今、人より沢山勉強しないと後で困ることになる。君が馬鹿にしている花城は、十年後には大学を卒業して万一、同じ職場になったら、花城は立案計画する人、君は現場で設計図どおりに、ビル、橋、道路等々を造ることになると思う。いい加減に勉強しているとと設計図を見間違えて設計図どおりに造れない。やり直しとなるが、君は喜んで造り直すか？」

「誰が造り直すか！」

「設計図どおりに造らないと検査は通らないと思うが……」

「絶対に嫌だ‼」

「ではどうする？」

「辞める！」

「辞めて、どうする？」

「他へ行く‼」

「先生が思うに、勉強しない君が立案計画することはできないので仕事にならないと思うが」

「辞めるさ‼」

「同じことの繰り返しだ。君は、自分では気が付いていないが、才能にも恵まれているが難しい問題に当たると、花城のように我慢して頑張らないで途中で諦めてしまう。幸い健康にも恵まれているし、今のように勉強は大嫌い、面白くないとダダをこねないで勉強することだ。きっと、目的、夢を叶えることができる、頑張れ！」

毎日毎日いろいろな事例を上げながら、かたくなな彼らの心に問いかけた。

転校生

そのような時、三重県から転校生が来た。その者は、クラス、学年の手本になる者ではないかと先生方は期待していた……。

学年主任から、この子（野原）は、小学校の時は「イジメ」られて一度として泣かずに帰ったことがない、と。そのため三重県に父親を残して、母親が育った沖縄で息子の成長を夢見て子育てをするために姉と共に転校してきたと言うのだ。今でもクラス経営に難渋しているのに、とても、そのような生徒を預かることはできないと、先生方は声を失った。

話し合いは二転三転、クジ引きになるかと思ったら、

「そう言えば、田島先生のクラスは男生徒が一人少ないですよね、先生のクラスでどうですか」

「先生方がよければいいですよ」と引き受けた。

（その時の先生方のホッとした顔が忘れることができない）

野原の言動に変わったこともなく日々が過ぎた。取り越し苦労であったかと思っていたら女

生徒達が来た。

「先生、野原が突然、大きな声で奇声を上げて、席を立って教室を歩き回ります!!」

「そのような時は、静かにしなさい、歩き回るなと言いなさい」

「何回言っても聞きません！」

先生方からも「あの子はどうにかなりませんか、授業になりません」と。突然、耳元で大声で奇声を上げられビックリ。いつまた大声で奇声を上げるかと緊張して授業どころの話ではない。

クラスは騒然となった。自分達が今まで授業を妨害してきたのは理解できず、授業が面白くないので私語、悪戯して騒いでいたが、転校してきた野原は今まで自分達が出会ったことのないタイプで、突然大声で奇声を上げて席を立って動き回る、また、いつ奇声を上げて動き回るか予想がつかない緊張の連続で疲れるという。野原の奇怪な振舞いが生徒達にはどうしても理解できないのだ。

ここで自分達が今まで勝手なことをして先生方を困らしてきたことに気付き、勝手なことをしたら周囲に迷惑になることに気が付いてくれたらよいが……。

ただ私にも野原を理解できないことがある。野原とは朝の学活、給食時間、清掃活動、理科の授業、道徳の時間、最終の学活、一日、三時間ほども共にいるのに、私の前では一度もそのような素振りがないのだ。そのため彼を呼び出して、どうして奇声を上げて皆を困らしているかと注意してもいいが、しばらく何が原因か様子を見ることにした。

（野原は先生方の力量を見ているに違いない。厳しく指導する先生か、優しくて我がままができる先生か）

野原についているわけにもいかないので、どうしたものかと思案していたらよいことに気が付いた。学校は誰が作ったか、学校はテストがなければ最高だけど、学校を爆破したいと言う、勉強嫌いの山城に任してみよう。彼はバレー部で元気者、一昔前であればわんぱく者であるが今では悪戯が過ぎて女教師から問題児扱いされて腐っている、しかし、根は優しくて友達も多いし、女生徒からも人気がある。

山城を呼んだ。叱られると思って直立不動にしている。

「山城、お前にお願いがある」

「エッ？　……何か先生」

「野原のことだが……」

「あのバカは急に大きな声を出すからビックリする」

「そうだろう、そうだろう。女生徒が来たが、皆困っているようだ。しかし、君も知っているように先生の前では一度も奇声を上げないのだ。いつも野原の後についているわけにもいかない。それで君にお願いと言うのは、彼が奇声を上げて席を立って動き回ったら、止めろと言ってくれないか」

「なんで、僕であるわけ？」

「君は一学年で一番腕力も強いし、優しいと女生徒からも人気があるし、君以外に適任者はいない。お願い！　山城」

「先生、あれは誰の言うことも聞かない」

「一番強い君の言うことは、先生は聞くと思うよ」

できない、できないと断っているのに、お願い、お願いと強引に押し付けた。山城は根負けして渋々引き受けた。

何事もなく日々が過ぎて、山城がうまくコントロールしていると思っていたら、彼が「先生、疲れた。もうできない」と来た。

「君ができないと先生は非常に困る。もう少し頑張ってくれ!!」

「駄目……疲れた」

「誰かと一緒だったらやるか？」

「誰もやらないと思う」

「どうだろう……大山とだったら？」

エッ！　と大声を上げた。

「彼は知恵者であるがイジメっ子。今、野原をイジメているのか？」

「先生、あれがやるわけないだろう」

「本人に聞いてみないと分からないだろう、彼を呼んでこい」

彼は跳ぶように職員室を出て行って、汗だくで大山を連れてきた。大山も叱られると思って緊張している。

「君にお願いがあって呼んだ」

「何か？　先生」

「野原のことだが、山城に彼が奇声を上げ動き回ったら注意してくれないかとお願いしたら、山城が言うことを聞かないと言うのだ。疲れてできないと言うが君とならもう一度頑張ってもいいと……」

「……なんで、僕であるわけ」

「君が野原のことをよく知っていると思って」

「できないよ、先生」

「君ができないと先生は非常に困る。お願いだ」

と頼んでいると、山城が「君がやるなら僕も、もう一度頑張る」と加勢した！　それでも大山ができないと拒否しているのに、私と山城が強引にお願いした。とうとう根負けして二人で野原に関わることになった。

職員室を出ていくところを呼び戻した。

「いいか、大声を出すな、動き回るな、と言っても聞かなかったら、張り倒してやれ‼」

二人は「エッ！」と驚いた！　無理もない。今までは暴力は駄目だと厳しく指導されているので。駄目なことは許されないと気付いてくれたら、今までの自分達の言動の反省をするチャンスになると期待した。

その後、野原が奇声を上げて動き回るという苦情が、生徒達、先生方から一度もなかった。お互いに切磋琢磨して成長していることを実感した。山城、大山に感謝感謝である。

我がクラスは、今まで見たことのないタイプの野原が現れて一時騒然となったが、多くの者が勝手気ままに振舞うと他の者に迷惑になることを知るきっかけになったのではないか。その結果、皆の忍耐と協力でクラスは見違えるように生まれ変わった。

苦　悩

しかし、他のクラスの先生方は相変わらずクラス経営に難渋していた。情緒不安定な者達は四十五分の休憩時間にもなると、相変わらず廊下、教室、窓を飛び越え走り回る。勢い余って戸にぶつかりガラスを割る。弁償させたら直るかと思っていたら割る者が毎回違うので全く指導の効果なし。

（中学生にもなって、周囲の迷惑も考えないで暴れ回って危険だと分からないのか）

彼らがガラスを割ると、毎回毎回、一年生全員、武道場に集めて注意、叱責、説教してきたが、万策尽きて指導ができないで困っていたら、学年主任をはじめ先生方が毎日生きた心地がしないと諸々の相談に来た。

そのようなことや我がクラスの雰囲気を見て、来年の専任の生徒指導主任（問題を抱えている生徒達を専門に指導する者）が私に回ってくる予感がした。

問題傾向の生徒は、生徒指導の先生に自分達の悪さがばれないように用心して、心を開いてくれない。しかし、今は新しく来た私と利害関係が少ないので、生徒達は私を素直に受け入れるはずだが、彼らに強い「インパクト」を与えるチャンスはないかと模索していた。

そのようなことを考えていた時、クラスの理子が無断で休んだ。家庭が複雑であるので、若い太田守利先生を伴って家庭訪問へ。理子のアパートの五〇メートル前に車を止める。

「太田先生、電気メーターを見て！」

太田先生は「なんでですか？」と不思議そうにしていたが、私は黙ってベルを押し、ノックする。

「太田先生、電気メーターの針が遅くなりました？」

来客で、親がテレビを消すはずがない。理子が一人でいることが分かった。

「今日はどうして休んだの？　体の具合でも悪いのか？　寝坊したのか？　早く出ておいで」

（優しい声で）

五分待つ。

「中にいるのは分かっている、早く出ておいで。先生も忙しいから」

十分待つ。

「どうした？　起き上がられないほど重症なのか？　であれば返事しなさい！」（語気強く）

十五分待つ。

郵便はがき

料金受取人払郵便

新宿局承認

2524

差出有効期間
2025年3月
31日まで
（切手不要）

160-8791

141

東京都新宿区新宿1－10－1

（株）文芸社

愛読者カード係 行

お名前《ふりがな》		明治 大正 昭和 平成	年生 歳
ご住所《ふりがな》	□□□-□□□□		性別 男・女
お電話番号	（書籍ご注文の際に必要です）	ご職業	
E-mail			
ご購読雑誌（複数可）		ご購読新聞	新聞

最近読んでおもしろかった本や今後、とりあげてほしいテーマをお教えください。

ご自分の研究成果や経験、お考え等を出版してみたいというお気持ちはありますか。

ある　　ない　　内容・テーマ（　　　）

現在完成した作品をお持ちですか。

ある　　ない　　ジャンル・原稿量（　　　）

書　名				
お買上 書　店	都道 府県	市区 郡	書店名	書店
			ご購入日	年　　月　　日

本書をどこでお知りになりましたか?

1.書店店頭　2.知人にすすめられて　3.インターネット(サイト名　　　　　)

4.DMハガキ　5.広告、記事を見て(新聞、雑誌名　　　　　)

上の質問に関連して、ご購入の決め手となったのは?

1.タイトル　2.著者　3.内容　4.カバーデザイン　5.帯

その他ご自由にお書きください。

(　　　　　　　　　　)

本書についてのご意見、ご感想をお聞かせください。

①内容について

②カバー、タイトル、帯について

弊社Webサイトからもご意見、ご感想をお寄せいただけます。

ご協力ありがとうございました。

※お寄せいただいたご意見、ご感想は新聞広告等で匿名にて使わせていただくことがあります。

※お客様の個人情報は、小社からの連絡のみに使用します。社外に提供することは一切ありません。

■書籍のご注文は、お近くの書店または、ブックサービス(📞0120-29-9625)、セブンネットショッピング(http://7net.omni7.jp/)にお申し込み下さい。

「なぜ、出てこない、この馬鹿者！　お前が出てくるまで先生は絶対に帰らないからな」

そう言って、「太田先生、帰ろう」と小声で言い、理子に気付かれないように静かにその場を離れた。私達が帰った後、私達がいないことを確かめるために理子がどのような行動に出るか、考えただけでワクワクした。

（今日のことを自分だけの心に留め置くことは、理子の性格からしてできないはず。その結果次第で今後の生徒指導の方向が見えてくるが……）

次の日、「先生、昨日は無断で休んですみませんでした」では、私の「目論見」は台無しである。そのようなことにならないように、理子と目を合わさないように避けた。理子にしてみれば、先生は非常に怒って「無視」、何も言わないのだ。困ったことになった。謝りに行こうか、と悩んでいるようだった。


幾日か過ぎ、そのことを忘れかけた頃、理子の友人の恵子が来た。

「先生は大変な人だってね」

「何のことだ？」

「皆が言っているよ。生徒が休むと家庭訪問して、出てくるまで三時間も粘っていたんだってね」

「お前、馬鹿か。先生は理科の先生だよ。実験の準備もあるのに学校に来ない怠け者のところに三時間もいるわけないだろう」

「いや、出てくるまで帰らないと粘っていたと皆が知ってる。ああ、恐ろしい、恐ろしい」

肩をすくめて帰っていった。

忘れかけていたのに、生徒達の中では今でも話題になっているとは驚きである。クラスの者が遅刻すると厳しく指導されるし、休むと家庭訪問される。授業中、私語、居眠り、悪戯すると厳しく叱られる。毎日、緊張している。他のクラスと比較して、我がままができない嫌な先生に出会ったと、他のクラスの者に吹聴しているのだろう。これからの生徒達の反応が楽しみになってきた。

他のクラスは相変わらず情緒不安定で動き回ってガラスを割る。その都度、全員を武道場に集めて、「休憩時間は次の時間の準備をするものだ」と注意、叱責、説教していたが、割る生徒が毎回違うので困った。悪意があって割るのであれば指導もしやすいが、的がないので一向に改善されない。

そのような時、校内放送で呼び出された。

（またか?）

「先生、生きた心地がしません！」

「どうしたんです？」

「先生、現場を見てきてください」

二重の曇りガラスの陰に隠れて相手の様子をうかがっていたら、他の生徒に後ろから突き飛ばされて二重に重なったガラスを頭で突き破ったという。ギザギザに尖ったガラスを見て肝を冷やした。そこには髪の毛が十本ほど落ちていた。

（首にでも刺さっていたらと思うと生きた心地がしない）

不思議に思った。長年、生徒達と関わってきて、こうも出来の悪い生徒は初めてで、原因は何かと先輩教師に聞いてみた。そして優秀な者は県立、私学の中学校に進学していることが分かった。

68㎞に挑戦

この生徒達は、甘え、我がままでケジメがなく、放任されて今まで生きてきた。このままではこの先何が起こるか分からない！　学年主任の先生はこの生徒達の指導に苦心して何回も相談に来た。

そこで、前の学校で実践して多くの成果をあげ学校改革をした「１００㎞完歩」に挑戦させて、体力や忍耐力の限界にまで追い込んで根性、精神力を育てよう、イヤ、思い知らせよう！

生徒も多いし、諸々の不安もあるが、そのようなことを言っている場合ではない。

前校の実践後の生徒達の感想文を提示して、「本校でも実践してみましょう」と先生方に提案した。先生方は、現状を変えることであれば大変困難でも実践してみよう、と皆賛成した。

学年主任が、情緒不安定な生徒達を変えるにはどうしても保護者の協力がいるので、実状を説明して協力求めた。保護者は、この子達の生き様を幼少の頃から今まで嫌というほど思い知らされているので、大賛成。先生方の提案に積極的に協力し、すべての手続きを学年主任がとりまとめ、実施する日時が決まった。

生徒達には実践の意義、目的は、自分の体力の限界に挑戦して意志力、忍耐力を育てよう。更に友達と共に昼夜歩く過程でお互いに助け合い友情を深めるチャンスだ、と呼びかけた。

不思議なことに前校では、保護者、生徒達は「１００㎞完歩に何の価値があるか」と反対反対の大合唱だったが、「68㎞に挑戦しよう」と提案してもそのような反応がなかった。

我がクラスに、参加しないと言う者が三人いた。学年主任は全員参加が望ましいと生徒を必死に説得したが、「68㎞完歩に何の意義や価値あるか」と親子共拒否した。

上里は喘息で週に二、三回も点滴に通院している者。

「先生、３㎞も歩けません、できません」

しかし、今まで何回も１００㎞歩かせて、挑戦する前は風邪気味の者が帰ってきた時には全快していた経験があるので、歩けるところまで頑張れと参加させた。

もう一人は野原、彼には今までの生き方を変える最高のチャンスと思っているが、参加するのかしないのか、ハッキリしないので母親を呼び出した。

「先生、息子には68㎞は歩けません。姉も万一、彼が68㎞歩くことができたら千円あげると言っています。他人に迷惑になります」

「お母さん、人の世話にならずに生きてきた人はいません。参加させてみましょう！」

「先生がそこまで言うのであれば参加させます！」

野原の生き方を観察していると今まで、甘え、我がまま、過保護に生きてきたので、68㎞の挑戦は生き方を変える最大のチャンスだと思うのである。

生徒二百名余り、父母五十名余り総勢二百五十名余りの者が68㎞に挑戦することになった。出発前に、事故、事件に遭わないように気を付けること、皆、体力も体調も違うので助け合って完歩しよう、と激励した。

生徒達は遠足へ行く気分で校門を後にした。

５㎞地点、喘息の上里が「先生、もう歩けません‼」と。「もう少し頑張れ」と、彼の腰に手を回し二人三脚で歩く。私に気を使い負担にならないように必死に歩く姿に根性の強さを見た。父母は車で行ったり来たりし我々の様子を見ている。

８㎞地点、私の腰痛が出て彼を父母に預けた。35㎞地点、母親が「歩けない限界だ」と息子とタクシーで帰った。皆が頑張っているのに、一人で帰ればいいのに、母親の身勝手な行為にガッカリした。

夜明け前、七、八名の集団が、ワイワイ、ガヤガヤ。

「泣くな、泣くな、男だろう」

「頑張れ、頑張れ」

「最後まで歩かすからな」

近づいてみると、前から紐で引っ張っている者、腰を棒で押している者、その中心にいるのは野原ではないか！　彼は酔っ払いのように抵抗することなく道いっぱいに右に左に体を揺らしながら、彼らがなすがまま、あたかも楽しんでいるようだ‼

野原はクラスで孤立していると思っていたら山城、大山達のグループに繋がっていたとは、なんて心の温かい者達だ。彼らに野原を預けてよかったと安堵し感動した‼　しばらく、後について彼らの言動を見て楽しんでいた。

朝日が出た。今まで見たことのない大きな大きな太陽に皆歓声を上げげた。野原の新しい誕生のように思えた！

心も晴れ晴れと休憩所に着いたら、皆、朝食を食べている。私が安全を確かめながら最後尾を歩いていることを皆知っているのに、先生、父母のやったことではあるが生徒に苦言を言った。

「君達に出発前に68㎞は簡単に歩けるものではない。皆、体力、体調も違うので助け合って完歩しようと激励したのに残念だ」

60㎞まで来ると、睡魔、肉刺の痛み、体力の差が大きく出た。

生徒達にどのようなドラマが展開しているか最後を歩いているので知る由もないが、学校に到着した時には二時間余りの差が出た。体力のある者達はバスケットボールをしている。（体力の限界まで追い込んで、甘え、我がままな者達の精神的な成長を期待したが……距離が短かった、残念！）

計画は失敗かと思っていたが、彼らの心に大きな変化が起こっていたことを後々知ることに……。彼らはその後、卒業するまで一枚のガラスも割らず皆落ち着いてきたのだ。

また、野原が母親、姉の予想を越えて、友達に助けられ励まされて悪戦苦闘しながら68㎞を完歩し、今までに体験したことのない友情に感動し、母親に「本当の友達ができた」と告げたことが噂になった‼ 息子から友達ができたことを聞いて、母親は何を思っただろうか。

心機一転、息子の今までの生き方を変えるために本校に転校してきた。息子には68㎞は無理と思っていたが、友人の助けで完歩できた。その日を境に野原は新しい人生が始まり日々成長した。

〔後日談になるが、野原はその後、生徒達からは友として受け入れられ、先生方は生まれ変わった彼を見て安堵した。また、美術教師の久貝先生にその才能を認められ、優れた才能を発揮するべく推薦で工業高校に進学した〕

心、新たに

次年度の校務分掌を決める時が来た。校長と教頭から専任の生徒指導主任の要請が再三来たが辞退した。

「田島先生、一年でいいから受けてくれないか」と哀願された。また、先生方から「先生が受けないで誰が受けるのか」と。

（赴任が決まった時、大病院でＭＲＩの検査で脳腫瘍が判明し手術を勧められたが断ってきた経緯があるので、いつ発病するか気になるが、一年だったら大丈夫か）

前校の荒廃した学校を改革してきたが、沖縄の中心地、環境が違う。しかし、七百名余りの生徒達の生き様を見て改革できる可能性の一端を見た。それは新入生歓迎陸上競技大会でのこと。

我々教師も一年生の４００ｍリレーに参加。五十五歳の私がスタートをきって大会を盛り上げた。

大会で一番盛り上がる学級リレー。一年生、二年生も興奮のうちに無事に終わり、最後の三年生の学級リレー、他のクラスに負けまいと各々の走るポイントを決める。七名の選手がピストルの音でスタート、1走、2走の者が他のクラスを20ｍも引き離し、3走へバトンが渡った。彼は必死に走っているが身体が不自由、彼のための作戦だったのか。しかし、彼はカーブで転んでしまった。今まで盛んに行われていた応援合戦が止まった。会場が静まりかえった。心の温かい生徒達を見た。荒廃している学校であるが改革できる予感がした！

そのようなことがあったので、最後の仕事と決めて「専任生徒指導主任」を受けることにした。

指導1――遅刻

荒廃した学校は締まりがない。その原因の多くは遅刻生、不登校の者が多いこと!!

毎日、遅刻生が五十～六十名いた。原因は、

1　金銭せびり、イジメの加害者に捕まらないように遅れてくる
2　ゲームをしたり、テレビを遅くまで見たりして朝起きられない
3　基礎・基本が理解できないため、学習意欲がなく、生活習慣が乱れている

最初に難問の遅刻の改善に挑戦することにした。

毎日、五十～六十名の遅刻指導を、一校時空いている先生方に協力をお願いした。多くの先生方が指導に協力してくれた。指導法は従来どおり、氏名、クラス名を確認して二度と遅刻しないように注意、約束させてクラスへ。しかし、遅刻生は常連。二週間もすると、先生方は今までのように指導の効果はないと足が遠のいた！

本格的な指導に取り掛かった。今まで私の生徒指導が生徒達に理解され、理子の家庭訪問の

時の記憶が生徒達の心に残っていればいいが……それに情緒不安定な生徒達がガラスを割ると、武道場で何回も何回も注意、叱責、説教したことが生徒達に理解されていればいいが。長年の悪い習慣も、私の評価が高ければ一週間ほどで遅刻は解消するはずだが、私の評価が低ければ今後も遅刻指導に難渋することになる。

遅刻生は今までのようにクラスに帰さないで会議室に入れた。後から遅刻してきた者達が「どうしてクラスに帰れないのか」とヒソヒソと話し合っている。罰されると思っているようだ。

静かにＢ４の白紙を配った。私は諭すように、

「君達は去年からの遅刻の常習犯。上級生にもなれば自覚して遅刻はしないと思ったら、何度も遅刻はしませんと約束しても、恥もプライドもなく改めない。先生方も呆れて今日は指導に来ない。君達の親は今頃、我が子は人に負けないように一生懸命勉強にスポーツに頑張っていると思っている。まさか朝から遅刻して人に迷惑をかけているとは夢にも思っていないはず。先生は君達の学園生活の様子を親に知らせる責任がある。今の調子では君達は高校進学も無理だろう。中学を卒業して社会人になる人もいるはずだ。しかし、会社に採用されても今のように毎日毎日遅刻をしたら、きっと首になる。そうなっては手遅れだから家庭訪問して、これからどうするか保護者と教育相談する」

すると、遅刻生達は焦り始めた。

「先生、明日からは遅刻しませんから……」

「君達とは今まで何度約束した。平気で約束を破る。先生方は騙され続けてきた。一年生も君達の遅刻を見て同じことをするようになる。だから君達は許さない」

「先生、もう一度だけチャンスをください！　お願いします」

必死だ！

「嘘だろう、もう一度だけなんて」

「今度は本当に守るから！」

彼らの今までの遅刻常習の生活習慣から抵抗があると思っていたら、予想外の展開になってきた。

「守ると約束できるのであれば最後のチャンスをやる、これが最後のチャンスだ‼　この白紙に、『二度と遅刻は絶対にしません、約束は守ります』と書いてサインして出しなさい！」

次の日、十六名が遅刻してきた。会議室に入れた。紙に、保護者の名前、電話番号、家の地図を書くように指示をした。

「先生、もう一度だけチャンスをください、絶対に守るから！」

「昨日もあれほど約束したのに、騙された！　君達は人に騙されても平気なのか？　怒らないのか？　騙すのは、遅刻するより悪いと先生は思っている‼　君達を見ていると張り倒したいよ」

「先生、もう一度だけ、もう一度だけ！」

哀願する。しばらく押し問答が続いた。

「仏の顔も三度までとあるから、最後にもう一度だけチャンスをやる」

これが最後だと念押した。

目論見が見事に当たった朝だった！

それは、田島先生は、約束を破ったり、理不尽なことをしたら、最後までしつこく付きまとう！　絶対に許さない先生だと理解し認めたか、私の期待以上に長年続いてきた悪い遅刻の習慣が見事に解消された。

そして予期せぬことが起こった。遅刻が改善されて全体朝会の雰囲気が変わった。今までは朝会時に次々と遅刻生が入ってきた。そのため私語が多かったが、今は先生の話を静聴している。更に授業態度も変わってきた。私が廊下を通ると多くの者が振り返って見ていたが、それも解消されてきた。

四十年余りも親、教師、地域住民を悩ましてきた悪しき習慣も改善された‼

そもそも、遅刻が改善されない時にはどう対応するのか、と聞く教師がいる。

１　一年次には遅刻はなかったのに、二年、三年生になって遅刻の常習犯になった場合、何が原因か徹底的に本人を追及する

２　保護者を呼び出し、教育相談をする

３　家庭訪問し、保護者と遅刻の常習の原因を調べる

４　迎えに行く（そのような生徒は、今までの体験から、生徒より親が病んでいる場合が多い!!）

私はこうしていた。

三年生への指導

週訓に早登校を取り上げた。しかし生徒を迎えるべく、校門に校長、副担任、生徒会役員がズラリと並んでいる間を通るのは勇気がいる。多くの者が小さな声で挨拶して足早に逃げるように行く生徒達を見ていると気が滅入ってしまう。

（家庭環境が変わり核家族の者が多くなり、出かける時も帰る時も家に誰もいないので挨拶の習慣がないのか）

そこで全校生徒に挨拶について諭すように話した。

「大きな元気な声でおはようございますと挨拶されると、先生も頑張ろうと思うが、顔をそむけて小さな声でおはようございますと挨拶されると、どこか悪いのかな、それとも嫌われているのかと気が滅入ってしまう。帰りに『先生、さようなら』と大きな声で挨拶されると、今日も頑張った、明日も頑張ろうという気持ちになる。どうせ同じ口から出る言葉であれば、大きな声で挨拶して、相手によい印象を与えて喜ばしたほうがいいのではないか」

しばらくして来客があった。「田島先生、ビックリしたよ」と言うのだ。後ろから大きな声で挨拶する生徒がいるので、自分にとは思わないでいたら周囲には誰もいない。「急いで挨拶しました。よい生徒達ですね」と言うのだ。

評判のよくない学園も少し明るくなってきたようだ。

遅刻指導も解消し、今度は四十名余りもいる不登校の者達の指導に取り組む予定でいた。

そのような時、市の教育委員会から学校視察の先生方が来校時、突然、爆竹、口笛が鳴り響き、学校は騒然となった！

こんなことをする三年生は、教科を教えたこともないので素性、実情が理解できない。専任の生徒指導主任になってから不満を言いに来た者もいない。

（まさか来客でこのような暴挙に出るとは……）

爆竹、口笛、バケツ叩きをし二十分ほど騒ぎたて気が済んだのか、逃げた！

若い太田守利先生と連絡係の生徒を連れて後を追った。追うと逃げる、止まると生徒も止まる。追うのを止めて様子を見ることにした。生徒達はしきりに我々の様子を入れ替わり立ち替わり探っている。

給食時間が来たので、連絡係の生徒に三時までに帰るように告げて帰った。

いつ来ても対応できるように相談室で給食の準備をしていたら、彼らが来た。

「なぜ、追わない？」

　黙っていると、

「今までの先生方は追っていたのに！」

「正しい人は決して逃げない」

　皆、黙ってしまった。

「先生は、足も速い、腕力も強い。これは健康でスポーツを楽しむために日頃、鍛えている。決して君達みたいな悪い者を追って捕まえて懲らしめるために鍛えているのではない。学校は君達の学校だが君達だけの学校ではない。他に七百名余りの生徒がいる。卒業生も何万といるだろう。お客が来た時に皆が困ることをして皆の顔に泥を塗った。学校の評判が益々悪くなる」

「先生方は我々の要求を聞いてくれないので皆で相談して決めた」

「君達は、本当に揃いも揃って馬鹿者の集まりだな。よく聞けよ。先生方は五年も勤めると、腹が立つことも、嫌なことも苦いことも沢山あったけど、無事に終わり転勤になる。そして転勤先で、今日あった事件や君達が日頃しでかした悪いことを話す。先生方の教えも躾も聞かない、自分達の気に入らない時は嫌がらせする、誰がそんな学校に進んでくるか？　来ても必要以上のことはしない。そうして君達みたいな馬鹿者が学校を仕切る。その結果が県下でも荒れた学校と評判が悪い。君達の先輩達が築いてきた結果だ。今日の事件は君達が作った新しい悪い伝統だ‼　今までの荒廃の原因は、君達の親の時代から、これからも君達の子供や孫の代と続くことになるだろう」

皆、黙ってしまった！

「今まで、困ったことがあったら相談に来るように何度も言った。しかし、誰も相談に来なかったが、先生方に聞いてもらいたい不満とは何か？」

「同じ悪さをしても罰の仕方が違う」

「贔屓をしないでほしい」

「体罰を受けてもいいが僕達にも理由が理解できるようにしてほしい」

「授業が僕達にも分かるように教えてもらいたい」

「校則が厳しすぎる」

先生方の個人攻撃をするので、

「先生方は目的があって指導しているので、どうしても納得ができなければ、先生立ち合いで後日改めて話し合う」

この提案に皆賛成した。

「生徒の言い分も聞かないで体罰をする先生に不満が……」

「君達の要望は先生方に伝える」

今までの指導は誰が首謀者かと責任を明らかにして保護者を呼び出して教育相談する方法であったが、責任のことは触れなかった。彼らは騒ぎ立てれば罰は覚悟していたのに詰問しないので、意気揚々と相談室を出て行った。

そこで再び相談室に呼び戻した！

「君達の言い分は聞いたが、君達には反省する悪いところはなかったのか？」

長い沈黙が続いた。

「悪いところはあった！」

「そこを直さないと、今後も先生方とうまくいかないと思うが」

しばらく沈黙の後、

「先生、分かった!!」

「分かってくれたか、先生も安心した」

「皆、頑張れ」と送り出したが、先ほどの元気がないような気がした。

先生方には「生徒の要望について改善できるところは改善してほしい」と要望した。

四十五分の休憩時間にもなると、その三年生の教室からタバコの吸い殻が沢山落ちてくる。

急いで駆け上がっていくと何食わぬ顔で我々を迎える。タバコを吸ったのは誰か、吸い殻を投げたのは誰か、と追及しても何の解決にもならない。

池に吸い殻が落ちては魚が死ぬかと思って網を張った先生がいた。

私は、今までのような対処療法では喫煙指導の効果が期待できないので、よい方法が浮かぶまで、彼らが喫煙した後ににおいを消すため噛んで吐き捨てたガムを、廊下、校庭から取り除くことにした。毎日毎日……吐き捨てたガムを取り除いていると、肩、腕、腰が痛くなった。整骨院の世話になった。


ある日、生徒に手伝ってくれと言ったら「なんで僕が」と断られた。その時、喫煙についてよい指導法を思いついた。全校生徒に諭すため、大きな植物の葉っぱで説明した。

「私や校長先生は下の古い葉っぱ、君達はどこだ？」と聞いた。

皆、「上の若い葉っぱ」と言う。

「それでは、下の葉、上の葉っぱに同じように傷をつけたら、どの葉が被害が大きい？」

皆、「若い葉っぱ」と。

「君達が思っているように若い葉っぱは被害が大きいのだ。今、君達は若い。成長期の者が喫煙すると、肺、心臓等々が大きな被害を受けるので、法律で二十歳までは喫煙、飲酒を禁止しているのだ。また、君達は、ウンコは臭くて汚くてバイ菌があると思っているのだろうが、ウンコからは病はあまり移らない。しかし、ツバからは伝染病、風邪、結核等が広く移る」

その後、吸い殻が落ちなくなり、ガム、ツバの吐き捨てがなくなり、諸々の悪い習慣が改善し、学園は静けさを取り戻した。

学校は遅刻生、給食を食べて逃げる者もなく、平静を保っていた。次に四十名余りの不登校の解消に取り組むことにした！

指導２――不登校

担任でない専任の生徒指導係の先生が訪問しても、保護者にはなじみがないので、「なぜ、担任が来ないのか」と不信感を抱く親もいる。親にとっては担任の先生が子の一番の責任者と思っている。クラス担任はできるだけ生徒達に関わらないと、生徒と保護者の信頼関係を損なうことになりかねない。クラスの生徒達が、担任の先生は自分達のために一生懸命に頑張っている。誰が見ても指導が困難で限界だと思うまでは担任が指導し、それから専任の生徒指導係に任せる。問題傾向の生徒はクラスの者が注目しているので、問題を解決できると担任は信用を得ることになる。

さて、生徒指導主任の私は、本人と親に不登校になった原因が理解できるまで、一時間でも二時間でも話を聞く。誰よりも現状を変えたいと思っているのは本人である。しかし、不登校になったのは自分が弱いからだと思っている者は深く追及しない。私ができるのは彼のよいところを最大限に認めてあげ、君ならできると示唆を与え、頑張れと励まし、後は本人が決断するのを待つ！

しかし、一歩踏み出すのに非常に勇気がいる。そこで私の一押し。

「先生が迎えに来るか？」

生徒は「自分で行く」と。しかし生徒は、登校すると約束した時から悩み、苦しみが始まる。

再度の家庭訪問。

「今日はどうした？　先生が迎えに来るか？」

「いいよ、明日は行くから！」

登校すると決めた時からの悩み、苦しみを思うと責められない。約束が違うと責めない。彼の決断を気長に待つ。

四十名余りの不登校の者は二、三回の教育相談でほとんど解決した。

しかし、五、六名の生徒は本人より保護者が病んでいる。私の力量では解決できない……。それでも不登校五、六名の者達を毎日毎日七時十五分から職員会議が始まる八時十五分まで家庭訪問した。

那覇市教育委員会から委託された地域の有志が先生方と夜間巡視をする。学校の状況を説明した。不登校が減少したことを喜び、「先生、お祝いしよう」と提案があったが、不登校の生徒が一人でもいたらそのようなことはできない、とお断りした。

登校する生徒達が、いつもいつも同じ時間に同じところに私がいるので不思議に思ったのか、「先生、どうしたんですか？」と聞く。

「友達に会いに来たけど会えないのだ」

そのひとり親家庭の友達が久方ぶりに登校してきた。

「先生」

「オー、元気か、今日も君の家に行ったが……」

「先生、クラスを変えて！」

「それは、先生でも校長でも難しい」

「学校も担任も面白くない」

「不登校では誰も認めない。君にはあとはないがもう少しの辛抱だ、直ぐに二年生になる」

「分かっているよ」

彼は渋々頑張ると約束した。

私は直ぐに担任を呼んだ。担任は彼をクラスに連れて行くと思ったら、なんと校長室へ！

（彼をクラスに返してもうまくいかない原因がここにあったとは……。この担任は一度も専任

の生徒指導主任の私のところに彼のことで相談に来ないのに、なんで校長に報告するのか！そ
れは担任の自己保身か……）

「校長先生、いつも話している玉城君です」

「君は、いつも頑張ると約束しても約束を守らないらしいが、今度は大丈夫か？」

（校長たる者がなんという言い草!!）

彼の顔色がみるみる変わった。目で駄目だと制止したが、前にあるテーブルを力一杯蹴とばし、校長室の戸を力一杯叩きつけて出て行った。

「待て、待て！」

後を追ったが見失った……。

その後、不登校（家出）になったが、それでも毎日毎日家庭訪問した。

半年ほど経った頃、母親が大声で「いないと分かりながら来るな！」と塩を投げつける。

「二度と来るな！　いないと分かっているのに二度と来るな！」

興奮が収まるまで静観していた。怒りが収まった。

「息子さんは今、迷って自分が何をしているか分からないのだ。親が見捨ててどうする。いつか目覚めて、親、家族のために頑張る人になると思うので毎日来ているが、僕も来たくない。

朝の三十分は自分の時間、車のガソリン代は自分持ち、それは我慢できる。我慢できないことがある‼」

母親が怒りを込めて、それは何か、と聞いてきた。

「毎朝、お母さんの不愉快な顔を見るのが我慢できない」

すると、土間にひざまずき頭を土間に押し付けて、「先生、許してください。私がすべて悪いです」と泣いている。

「お母さん、息子さんが見ているかも知れません。いつか息子さんが立ち直ることを信じましょう」

しかし、彼に再会したのは一年後の「家庭裁判所」であった。彼は数えきれないほどの多くの悪さをして少年院送致になった。

十年後、金銭せびり、イジメ、学ランを着てのメリケン粉かけを、学校から、いや、市内からなくなるきっかけをつくった偉人達（?）の結婚式で乾杯の音頭を終えてくると、青年が直立不動で迎えてくれた。

「先生、僕が分かる?」

見覚えがないので、「君は誰か?」と聞くと「サイバン」と。

「教師時代に裁判になったのは一人……玉城か⁉　なぜ、君がここにいる」

「先生、先輩の声は神の声です」

「よい先輩を持ってよかったね。お母さんは元気か？　いつも心配していた大事にしなさい！　ところで今、何をしている？」

「看護師の仕事です」

「一生懸命に働いてお母さんを楽にさせなさい。先生も二度と君に会えないと思っていたが、声を掛けてくれて嬉しい」

よい結婚式の思い出となった、十年後の再会の話である。


彼だけでなく、毎日毎日、家庭訪問していると、ヤンキー達（問題児）の心に変化が起こっていた。保護者が言うには「田島は僕達を見捨てないのか」と。子供達が少し成長してきているようで嬉しくなった。

〔後で気付いたことであるが、専任の生徒指導主任になって四年間で一度も、電話で要件を済ました記憶がない。歩いて行くか車で家庭訪問した。生徒の顔を見て保護者に会う。その様子を生徒達、地域住民が見ていたのか〕

親子の絆

クラスの会長が呼びに来た。

「どうした？」

「先生が怒って職員室へ……」

音楽室へ行くと皆騒いでいるが、私を見て静かになった。「静かにしていろ」と注意して生徒指導室に戻った。

一週間後、また呼びに来た。

「どうして騒いでいる？」

皆、黙っているので「自習しなさい」と厳しく注意した。

またも一週間後、呼びに来た。授業が始まって二十分後に必ず呼びに来る。早く呼びに行くと「なんでお前が呼びに行く」と制裁を受けることになる。

授業崩壊である。音楽の時間、ボスの指示で「声を出すな」と妨害しているのか。

三回目、車座で皆を集めた。

「今、助けてやらないと手遅れになるから助けてやろう」

「何言っているの？」

「手遅れになるから助けてやる！　君達の中には、幼稚園教諭、小学校、中学の音楽の先生、音楽の専門家になろうと思っている者もいるはず。今怠けて基礎的なことを学ばないとどうなる？　授業妨害していたらあとで恨まれるぞ。君達がイジメている先生の頭の中は音楽の宝の山だ、その宝物を盗むぐらいでないと駄目だ」

そう諭した。その後、私が彼らに呼ばれることはなかった。


静かな日々を送っていたが、また、四名の者が遅刻してきた。今日で三回目、それも同じ曜日。

「英語の授業は受けたくない!!」

「分かった。そこにひざまずき（正座）をしなさい」

四名の前に私もひざまずく。彼らはビックリして、

「なんで先生がひざまずきするか？」

「君達のお父さん、お母さんは今頃、息子は人に負けないよう勉強にスポーツに頑張っている

と思っているはず。まさか、遅刻して英語の勉強を怠けているとは思っていない。それを指導できないのは生徒指導の先生の責任だ！」

「先生には責任はない、自分達の責任です」

「いや、先生の責任だ」

「先生、やめてよ」


生徒と対峙していると、一年生のお父さんが来た。私達を見て驚いたが、事情を聞いてなるほどと。

「お父さん、どうしたんです？」

「息子が二日も休んでいると聞いて、ビックリして来ました」

「休む時は保護者から連絡することになっています。連絡もなく二日連続して休んだ時に担任から連絡するようになっています」

「ウチにはすぐに連絡してくださいと担任にお願いしたら、学校の決まりがありますから、と……」

「逐一連絡すると生徒達と信頼関係を損なうこともあるので決まりを作っています。あとで担任と相談してみます」

担任に事情を尋ねた。

「先生、実はお母さんから口止めされています。『学校で子供が少しでも悪いことをしていると知ったら、生きている価値がない、家族皆殺しにして自分は刑務所に入る』と。『若い頃に刑務所に入ったことがあるので何も恐ろしくない』と。家族は離散だそうです」

「そうか、困ったな……」

頼る親が情緒不安定では子供にいろいろと問題が起こり、指導は難しくなる。

「休んだらその日に連絡するようにお願いしてくるので困っています。どうしたらいいですか？」

「学校を休んでいるのに保護者に知らせないのは駄目だ。今まで母親は子供を指導できていないのだから、父親には知らせたほうがいいのではないか？　明日、父親が息子を連れてくることになっているので、何が原因で休んでいるか、生徒の話も聞いてみよう」


そして次の日、父親が子供を引きずるように学校に来た。

「お父さん、どうしたんですか⁉」

「息子が学校へ行きたくないと言うので、昨日の先生のひざまずきを思い出して『ひざまずいていろ』と言ったら　ひざまずいているが苦しそうにしているので、『学校に行こう』と言ったら、『ひざまずいているのがいい』と。更に膝の上にタイヤを置いて、その上にブロックを置いたら悶えている。それで『学校へ行こう』と言ったら、また、『学校が終わるまでひざまずきがいい』と言うのでカッとなって叩きました！」

「お父さん、あなたの息子は叩いては直りませんよ！」

服は汚れ立っているがフラフラして苦しそうにしている。

「先生、どうしたらいいですか？」

「お父さんは待っていてください！　息子さんと別室で話していいですか？」

別室に彼を連れて行った。

「お前、幸せだな。お父さんは自分の命に代えても息子を守りたいんだ。しかし、お父さんは短気者だから自分の気持ちを上手に伝えることができない。それにしてもお前、根性がある。実に素晴らしいし立派だ。学校がそんなに嫌いなのか？」

「ハイ、面白くない」

「金銭せびり、イジメに遭っているのか？」

「友達がいない」

「そうか、それは寂しい。友達をつくるには自分から近づいていく、清掃活動を頑張る、困っている人を助けるとか。とにかく友達を作る。お父さんは君に勉強、スポーツに頑張りなさいとは言っていない。皆と仲よくしてくれたら、たぶん喜んでくれると思うが……学校、頑張ってみないか？」

彼はしばらく考えていたが、

「先生、僕、頑張ってみる」

「お父さん、喜ぶぞ、自分でお父さんに言いなさい」

心配気に待っていた父親のもとに連れて行った。

「お父さん、話があるそうです」

「お父さん、我がままでごめんなさい。僕、学校頑張るから！」

父は持っていたタオルで汚れている服を拭きながら、痛いところはないか、痛いところはないかと何回も何回も……。自分で叩いて汚した服を丁寧いに拭いている。父親は泣いていた。親子の絆が強く芽生えた！

彼はクラスへ戻った。保護者が二度と教育相談に来校することはなかった。

伝統のメリケン粉かけ

三年生は高校受験に向けて頑張っていると思ったら、四月に教育委員会の先生方が学校視察に来校した時に爆竹、バケツを叩いて騒いだ一部の問題傾向の者が水面下でメリケン粉を集めているという情報が入った。

彼らに「食べ物を投げ合うとは許せない」と何度も何度も話し合ったが、「メリケン粉かけは卒業式の伝統だから自分達の時代で止めるわけにはいかない！」と強く主張する。大人の理屈で説得しようとしてもメリケン粉かけは伝統だから絶対に譲れないと抵抗した。

今まで、親、先生方を困らせてきたが、最後の卒業式は親、先生方の指導を守りますということであれば嬉しいが、最後は誰の言うことも聞かない、メリケン粉かけの悪い伝統を守るとは許せないと怒った。私の怒った発言に相槌を打っている者がいる。一人でも理解している者がいることに安堵した。

彼らから「卒業前に先生と給食を共にしたい」と提案があったが、「今日からは先生の指導も聞かないと言う者とは給食を共にすることはできない」と断った。「自分のクラスで食べなさい」と。

卒業式が近づき、先生とＰＴＡ役員で夜間巡視をしてメリケン粉を捜し回ったが、見つけることはできない。ところが、ある女生徒の家に生徒の出入りが多いという情報を得た！

若い教師二名が急行した。生徒達がいた。本棚を見て驚いた。本の代わりにメリケン粉の袋が整然と並んでいるではないか！　また、部屋の中はメリケン粉の山。二人は宝物を捜し当てたように興奮して、急いでメリケン粉を学校車に運んだ。二階から一度に運べるのは一〇キロほど。電話が来た。

「先生、メリケン粉は取っても取っても減らないので、下を流れている川に捨てていいですか？」

「先生、それは駄目です。今度は我々が新聞沙汰になる」

急いで救援に駆けつけた。四名の者が狭い階段からメリケン粉の袋を運び終わった時には疲れ果てていた。

さて、措置に困った。アイデアが浮かんだ。養護施設に寄贈することにした。養護施設の先生方も思わぬプレゼントに喜んでいたがメリケン粉の多さに驚いていた。

「我が校から貰ったとは口が裂けても言わないでください」

口止めした。先生方は笑っていた。

卒業式の前日まで、ＰＴＡ役員と学校周辺をメリケン粉を捜し回ったが見つけることはできない。メリケン粉はもうないのではないかと思っていた。

卒業式も終わり、在校生、父母の作った花道を、別れを惜しみ涙している者もいるが、問題児（ヤンキー）は急いで学ランなるものに着替えて颯爽と現れて、メリケン粉かけを始めた！その背中には今にも天にも昇り暗雲を巻き起こしそうな「龍」が、地上には「虎」が。龍と虎がお互いに競い合い狂人のごとく乱舞して学校周辺を走り回り、メリケン粉をかけ合っている姿を、在校生、父母、地域住民が見ている。自分を最高にアピールするために、あらゆる手を使う。

先生方の指導なんてもう関係ない。警察官もお手上げ。メリケン粉は次々と補充される。どこから出てくるのか、我々が散々捜しても見つけることができなかったのに……。すると、三階の屋上の水タンクの上に隠してあるメリケン粉の箱一〇キロを、下には多くの見物人がいるのに確認しないで投げ落とした。見学している人に当たっていたらと思うと、教師として生きた心地がしない。

このようなことを許していては、この学校の未来はない。メリケン粉かけをするために毎年、金銭せびり、イジメ、金を持ってこないと暴行等々で、学業を怠り、人生を誤った先輩達は如何ほどか。学ぶべき時に学ばないと人生を誤るのに。

　メリケン粉の値段は一袋百円、千袋～三千袋集めるとしても三十万円ほど。あの学ランなるものは一着どのくらいの値段だろうか？　値段を聞いて愕然とした。なんと安いので十万、高いので三十万円ほどというのだ。四十～五十名の者が作るとしてその金額は五百万を超えている。

　この金額を集めるのに年中、後輩達から金銭せびり、イジメ、持ってこないと暴行するのか。後輩はこのような目に遭わないように先輩達にペコペコ頭を下げてへつらう、逃げ回る、不登校になる。これが学校荒廃の元になっているとは……。

事件

忙しく脳腫瘍のことも忘れていた。これから更に意を強く学校改革へ邁進する決意をした！

しかし、新三年生は情緒不安定で、一年の時には四十五分の休憩時間にもなると陣取り、鬼ごっこで廊下、教室、窓を飛び越え走り回り、勢い余ってガラス戸にぶつかって割ったガラスがなんと十一月までに二十九枚。その都度、武道場に集めて私の知力を振り絞って注意、叱責、説教しても効果なし。悪意でガラスを割るのであれば指導も可能だが、エネルギーを持て余しての結果、ガラスを割る。割る者が毎回違うので指導に難渋した。先輩教師は「このような生徒は見たことがない、生きた心地がしない」と嘆いた。少しでもこの者達の生き様を変えようと68㎞を完歩させたが目に見えて効果は表れなかった。しかし、68㎞完歩後はガラスを割らない。彼らの心の中では日々、成長しているようだ。

今までの指導方法を変えよう！　信頼関係なくして生徒の心を成長させることはできない。

そのようなことを考えている時に事件は起こった!!

ライバルE中学校の生徒と鉢合わせになった。日頃仲が悪いので、公園で喧嘩しようということになった。本校は三十二名、E校は十一名では喧嘩にならないので、一対一での決闘をしようということになった。

本校の者達は十組までは勝ったが、最後に負けた相手はボス。彼は学校の名誉と自分のプライドをかけて闘かった。皆、殺気立っているので勝ったボスを袋叩きにした。

この様子を見ていた地域住民が警察へ通報した。本校の生徒は逃げた。E校は、自分達は悪くはないと思っているので、逃げないで補導された。

本校の者達は、先輩達がいつも負けていたので自慢して、朝から勝った勝ったと騒ぎ出した。

女教師が怒って「授業になりません！」と来た。

「何があったのですか？」

「分かりません、勝った、勝ったと騒いでいます‼」

騒いでいる者達を呼び出した。

「なんで騒いでいる？」

「E校と一対一で喧嘩して勝った！　最後に負けたので皆で殴った‼」

先輩達も自分達もいつも負けていたので、久方ぶりに勝って嬉しくなって騒いでいると言う。

というのも過去、こんなことがあった。

ある日、ライバル校の弱々しい生徒がタクシー二台で我が校の生徒を迎えに来た。我が校の腕力に自信のある五名は、危険が待ち受けているとは思わないでタクシーに乗って着いたところには、三十名余りの問題児達が待ち受けていた。

（しまった、もう逃げられない）

三十名余りの者が取り囲み、五名の者はひざまずかされ、一番強い者が標的にされて殴る蹴るの手痛い暴行を受けた。背後から不意を突かれて蹴られうめくと、このぐらいで声を出すのかと益々暴行する。

その時、他の者に「どうして助けなかったのか」と問いただすと、暴行を受けた者が「先生、あの状況では誰も助けることはできない」と言う。相手の顔を見るものなら、その仕返しがもっと恐ろしい、と。

隙を見て一人が近くの川に飛び込み、他の者は民家に助けを求め、この問題は発覚した。

両校の校長の立ち合いのもと、慰謝料を払うことで決着したが、加害者の保護者が慰謝料を払わずにうやむやになった。

いつまでも忘れられない事件である。そのような事件（喧嘩）が何度も起きたが、本校の生徒達はいつも負けていた。

「そのような時は必ず先生を呼びに来るように！　いつも一方的に痛い目に遭ってはほっておけない、先生も加勢に行く!!」

「本当か⁉　先生！」

「本当だ！　君達は先生の子供と同じ、こんな酷い目に遭わせることはできない。君達が間違うはずはないからな」

皆、私の顔をじっと見ていた。


こんな経緯もあり、「間違いないか」と確認した。

「間違いない!!」

「なんということをした！」と私が落胆していると、勝ったのに先生がなんで困っているのか、と言う。

「喧嘩の相手を決めたのは、皆、君達だよね。それも自分が勝てそうな者を負けたら皆で袋叩きにするとは。いつも卑怯なことをするなと教えてきたのに、明日、生徒指導の先生方の集まりがあるが、なんと報告すればいいか……」

私が落胆していると自分達のしたことが悪いと気付いた。

Ｅ校の生徒指導の先生が来た。袋叩きにされた生徒達の親、先生方がどんな判断を提示するのか緊張していたところ、「喧嘩両成敗だ」と言う。慰謝料の件を話すと「そのようなものは要らない」と。慰謝料の件は加害者の保護者に聞くことにした。

昨日の喧嘩の件で事情聴取したいと私服刑事が来た。Ｅ校の生徒の前歯が三本折れているという。これは傷害事件である。

「明日、保護者を呼びます。警察官が校内に入るのは好ましくないことだが、明日は制服で来てください」

とお願いした。

次の日、制服の警察官が来た。

もう逃れられない、捕まるのでは、と生徒達、保護者も緊張した。

警察官はおもむろに、

「今回の件はＥ校の生徒の前歯が三本折れたという傷害事件ではあるが、今度だけは、先生方が責任をもって君達を指導すると言うのでお任せするが、今後は絶対に許さない」

と諭した。

生徒達は勝ったと思って喜んでいたらとんでもないことになった。

さて、三本の前歯の値段である。保護者は一人三千円と。いや、それでは安すぎる一万円だと。結局、一人五千円に決まった。

とにかく警察官は来るし、弁償させられるし、今後の指導は我々教師に委ねられた。この警察沙汰を通して生徒達が成長してくれればいいが……。

メリケン粉かけ阻止へ

夏休みに入る前に、生徒達が相談に来た。

「先生、毎年行われているクリスマス音楽発表会に向けて夏休みに練習したいと思います。許可してください」

「音楽発表会？　それはよい考えだ。しかし、条件としてルールを守ってやる。しっかりした人に教えてもらえ。今までの先輩達のように地域住民から苦情が来たら終わり。それでいいか？」

「先生、プロに教えてもらいます」

「そうか、しっかりやれ、期待しているぞ‼」

例の傷害事件のこともあり許可は難しいと思ったら激励されたので喜んでいた。

プロに教えてもらう金はどうするのか聞きたいが、闘いはまだ早い、待つことにした。

夏休みも何事もなく無事に済んだ。二学期にも練習しているようだが何事もなく過ぎた。

十二月のクリスマス音楽発表会の時には、私は脳腫瘍のために年一度の定期検診で東京立川の病院へ。私がいない発表会の様子から、卒業式の学ランを着てのメリケン粉かけが阻止できるか予想がつく。

三学期の始業式、皆が押し掛けてきた。「先生、うまくいった」と報告に来た。なんと撮影も「プロに撮ってもらった」とテープを持ってきた。皆、うまくできたと喜んでいるので、今度は高校受験のために勉強も頑張れと激励した。

彼らの喜んでいるのを見ると、メリケン粉かけを阻止できる可能性はあると確信した。しかし、メリケン粉かけの話をしようと思ったが、まだまだ時期尚早、はやる気持ちを抑えた!!

これまで水面下では金銭せびりが盛んに行われている時期、しかし、生徒達に不穏な様子もないし、不登校の生徒も以前からの四、五名で今までと変わらない。彼らも元は被害者である。今は自分達の天下が来たと伝統を受け継ぐ意志が強いので、彼らの心が満たされるのを待つことにした。

〔後で分かったことであるが、金せびりが巧妙になり、我々教師が突き止めることはできない。その一例が一年生、二年生を相手に三年生が交換日記なる物で仕掛ける。交換日記は生徒達の成長になると思っていたら、そのノートの中にはお金、ガム、菓子等が挟まれていたようだが……〕

彼らの中では学ランを作る準備の最中、「君は虎にする龍にする?」「僕は龍にする」「僕は虎にする」と夢中。まだまだ中止へ導くには強い抵抗にあう、得策ではない！　勝負は一回切り。学ランを作らし、メリケン粉を集めさせて満足させる!!　勝負は高校受験も終えて心の重荷が取れて安心した隙をつく。

彼らとの出会いを思い出す。

落ち着きがないので、どうしたら静かに勉強できるクラスにできるかを聞いた。山城が「テストがなければ学校は最高だけど、学校を爆破したい」と言う。

勉強の大切さを教えると、「僕は絶対に高校には進学しない」と強情を張っていた山城も、今では自分の目指す高校受験に向けて頑張っている姿に成長を見た。

彼らを日々静観しながらメリケン粉かけをいかに阻止するか、いろいろと思案していた。

最大の難問の高校入試も終わって晴れ晴れとした顔で来た。うまくいったと言うので共に喜んだ。

主だった者に、卒業式について話し合いたいから放課後集まるように告げた。四十名余りの者が来た。

「先輩達が今までやってきた、学ランを着てのメリケン粉かけは今年はないよね?」

彼らは「伝統だから絶対に守る」と言う。去年、先輩達と卒業式前に、メリケン粉かけをやる、させないともめているのを聞いて知っているので、「先生、メリケン粉かけはしない」と言ったら打つ手を失うが、正直にメリケン粉かけをすると言うので次の手を考えることができた。

彼らのメリケン粉かけをする目的、意義等々を聞きながらメモを取っていた。皆が意見を言い終わった頃、

「メリケン粉は食べ物だし、メリケン粉かけで毎年地域住民から苦情がある。君達の時代で止めよう!!」

それでも絶対に伝統を守ると言い張る。

「君達の意見を聞いているといろいろな意見があってまとめきれない。どうだろう、君達の代表を出して話し合ったら」

反対すると思ったら代表を出してもいい、と。そして明日、代表と話し合うことに。

（十名来たら説得は難しい。五名だったら説得できる可能性はある！）

五名の者が来た。勝ったと思ったら、「先生、メリケン粉かけは止めさせることはできない」と言うのだ。一瞬我が耳を疑った。彼らを説得しようと意気込んでいたら、なんと予想外の答え！「先生、本当に止めさせられない」と真剣なのだ。

思わず私が、

「君達でも止めさせることができないのか?」

「できない！　皆、伝統を守る」

「そうか、止めさせられないのか……。万一、メリケン粉かけをすることになったら、いいか、皆と一緒にメリケン粉かけをする。先生はあと三年もすればこの学校を去る、定年だ。今後一生、君達と会うかどうか分からない。しかし、君達は非常に仲のよい友達、ここで仲たがいされては困る。先生は君達の気持ちが分かったのでメリケン粉かけをすることになったら皆と一緒にメリケン粉かけをする‼」

皆、想定外のことが起こり考えがまとまらず、気落ちしたように相談室を出て行った。

そこへ赤嶺君が舞い戻ってきた。私の前にひざまずき、「先生、本当に止めさせることはできない」と泣いているのだ！

ここまで深い絆ができていたとは……抱きしめて共に泣きたい気持ちになった‼

彼らの仲間内で、メリケン粉かけを止めようとする者、絶対やる伝統を守ると言う者が激しく対立している。メリケン粉かけを絶対にすると言う者達は、一年、二年次には金銭せびりに遭い、金の工面ができないと暴力に耐え忍んできていよいよ自分達の天下が回ってきたと思っている。メリケン粉かけは伝統だから悪いとはあまり意識していない。

彼らの生き様を見ると、今まで悪いことも良いことも共にやってきたので仲間割れさせてはならない。

彼らのためにも、皆を納得させてメリケン粉かけを阻止する。

どうしても何かが起こるたびに、彼らとの出会いを思い出す。情緒不安定でガラスを割り、注意、叱責、説教、弁償させても全く効果なし。先輩教師は毎日生きた心地がしないと嘆いた。苦肉の策として68㎞にも挑戦させた。E校との傷害事件、クリスマス音楽発表会等々。日々の学園での生活指導に心血を注いできたことが、一部ではあるが、彼らの成長を見ることができて感動した。


保護者に集合をかけた。四十名余りの保護者が集まった。その中で、

「学校の長い荒廃の原因は、先輩達の金銭せびり、イジメ、要求に応じないと暴行する等で、それは毎年、メリケン粉と、一着十万～三十万円の学ランの代金を作るために、五百万円以上の金を下級生から巻き上げている。このようなことがまかり通ってきたので学校を荒廃させてきた。ここで気付いた君達で止めよう！」

しかし生徒は「メリケン粉かけは伝統だから絶対に守る」と言う。その親が「食べ物を投げ合うとは許せない」と反論する。生徒と親達で激論になった。すると、ある母親が、

「自分の長男、長女もこの学校の卒業生だが、今でもメリケン粉かけのアルバムを見て感動し

ている。メリケン粉かけをさせてもいいではないか」と生徒の味方をした。他の親達は怒って、「何を馬鹿なことを言っている」と噛みついた。

メリケン粉かけを止めさせる話し合いが親同士の激論になり、話し合いは難行した。しばらく様子を見ていたが、皆興奮して感情的になってよい意見が出ないので、頭を冷やすために生徒は生徒同士で、親は親同士で話し合うことにさせた。

メリケン粉かけをさせてもいいのではないか、と生徒達の味方をした母親が、

「やはり食べ物を投げ合うのは悪い。先ほどはメリケン粉かけをさせてもいいではないかと言ったが、私が間違っていた。ごめんなさい」

と生徒達に謝った。更に、

「一年生、二年生にもメリケン粉かけは悪いからしないように言ってちょうだい！」

味方と思っていた親にここまで言われると、絶対に伝統を守ると頑張っていた彼らも反論できない。思わぬ結末になった。

メリケン粉かけの悪い習慣はここで幕を閉じることになった。

(集めてあるメリケン粉の処分は先生方が関わってはうまくないと思って保護者に任した)

そして卒業式後のことが話題になった。時間を持て余しては何をしでかすか分からないので、保護者から卒業式後、皆で居酒屋で打ち上げをするという提案に皆賛成した。

話し合いがうまくまとまりホッとしていたら、代表が、

「皆が帰った後、せっかく作った学ランを着て記念撮影に来てもいいですか？」

「それで君達が来たら、今まで何のための話し合いをしたのか意味をなさないだろう」

「分かりました」

理解してくれた、感謝である。


思い出す、彼らとの出会いを。情緒不安定で先生方の注意、叱責も聴かない者達が、悪しき伝統のメリケン粉かけを止めて、新しい伝統をつくるとは夢にも思わなかった。

人と人の出会いの不思議さを思う。敵が同志になった！


高校生になった彼らが夏休みに来た。

「先生、来年からは市内からはメリケン粉かけはなくなるから」

しばらくして意味が理解できた。今まで自分達の学校の伝統とプライドを守るために他校に負けまいと喧嘩をし、派手なメリケン粉かけをして世間にアピールして互いに闘ってきた彼らが、同じ学力の高校に集まった。本校のメリケン粉かけを止めた過程を説明して「君達の学校も止めさせろ」となり、各校の実力者が後輩に神の一声、「来年からはメリケン粉かけを止めろ」

と。

その後、市内をはじめ県下からメリケン粉かけは激減した。更に、金銭せびり、イジメ、暴行事件も……。

新しい時代の到来が来た！　どのような方向に進むのか、せめて理不尽な陰湿なイジメのない学園であることを願いつつ……。

一年のはずが……

一年の予定が、四年間も専任生徒指導主任を務め、病のことも忘れて三十五年の教師の仕事を無事に終えた。

二十年後、Y中学校を訪問した。

生徒達が元気な声で挨拶してくれた。

生徒達が落ち着いている姿に昔を偲び安堵して家路についた。

■第6章

いろいろな子供に、いろいろな家族

逃げる親子

三学期の初め、

「私のクラスに、中学生になって一度も登校してない生徒がいますが、どのように対応したらいいですか」

と学級担任が相談に来た。生徒指導主任になって二年にもなるが、この学校には不登校の者はいないと思っていたので驚き、「一体どういうことなのか」と尋ねた。

「彼の不登校は小学校の三、四年頃からだそうです。これまでもいろいろな関係者が手を尽くして指導してきたが、指導の限界と諦めて、中学校に送られてきたようです」

一年次、二年次、三年次のクラス編成時に各学年で問題になるはずなのに、今まで一度も問題提起がない。また、子供の将来のことを思うと、一度も学校に相談に来ない親の責任は非常に重いし、我々教師の怠慢、責任も重大だ。

今更登校させるのは無理と思いつつ、彼に会ってみることにし、家庭訪問へ。何回も何回もノックしても応答がないので、その日は帰った。

毎日毎日家庭訪問して、一週間ほどして母親に会えた。訪問者が教師と聞き少し怪訝な母親であったが、子供の不登校について話を聞くことができた。

「不登校は小学校三年次からですが、理由が給食の途中で気分が悪くなってトイレに行って、帰ってきたら給食が片付けられていたそうです。それが原因ではないかと思いますがハッキリしません」

不登校は、子供の将来のことを思うと重大な問題であると説明しても、不登校の生活リズムができあがっているためか、気にする様子もない。不登校の原因がハッキリしないので、初めは学校に相談したが駄目で、諸々の教育機関に相談しても不登校の原因が解消できないままズルズルとなったらしい。

彼に会った。「中学の生徒指導の先生です」と紹介しても驚きもしないし無視している。それから毎日毎日会いに行っても、私を警戒して心を開いてくれない。話は断片的で話題に困ったが、会うたびに時間をかけた。

話は彼の興味のありそうなテレビ、ゲームを話題にしたり、そして驚いたことに水泳教室に行っていると、その話になると話が弾む。そこで初めて友達の大切さを話した。

「若い時に作った方がいいと思う。友達とは楽しい時、嬉しい時、寂しい時に共に話し合えるから……。勉強、スポーツ、遊びを通して挑戦する過程で、お互いに切磋琢磨して成長するから今より楽しくなると思うよ」

黙って聞いているのでチャンスと思って、学校のことにも触れることにした。

「実は、君のことで、校長先生や先生方が非常に心配していて……」

話が終わらないうちに彼の顔色が変わった!! 大きな声で、

「先生、嘘をつくな! 校長先生が僕のことを心配するはずはないだろ!!」

不登校になって忘れられていると思っているのに、突然現れて心配しているとは虫のいい話である。なるほど人間不信の彼に先生方の思いを理解しなさいという方がおかしいのだ。

いよいよ闘いの始まりである。

「嘘ではない。校長先生を連れてくるけれど、君は会うか?」

彼はしばらく黙っていたが、

「うん、会ってもいいよ」

「校長先生は忙しいけど、必ず連れてくるから」と約束して帰った。

クリスチャンの校長は事情を聞くと「何より優先すべきことだ」と、次の日訪問することに。

翌日、校長と訪問すると、両親が緊張した面持ちで迎えてくれた、彼は校長が自分の家に本当に来るとは思っていなかったのか、ソワソワしているが喜んでいた。

彼は、校長と別の部屋で長時間話し合っていた。部屋から出てきた顔は晴れ晴れとしていた!!

校長との話し合いで明日からは保健室登校になった（私としては初めからクラスに入れるつもりであったがお互いの意思疎通が不十分で残念）。

「先生が迎えに来るから！」

「自分でバスで行く」と言い張った。一抹の不安はあったが、彼の意向を尊重した。

五～六年の不登校からの再起を思うと簡単にはいくまいと思っていたら、彼は登校してきた！　彼の勇気に先生方の心は踊った。


保健室登校で毎日退屈なのか、気が緩み十日ほどして遅刻してきた。そして私の予期せぬことが起こった！　学年主任に見つかり厳しく指導された。彼はキレて養護教諭に怒りをぶちまけて、

「約束が違う！　校長先生は遅刻しても学校に来るように言っていたのに、なんで叱られなければならないのか!!」

憤慨して帰った。

このような生徒がいることを共通理解していたのに。彼に保健室登校させ、緊張感をなくさせ、心に隙を与えたことが悔やまれる。強い決意で登校しているので初めからクラスに入れ、集団生活の中で育ててゆくべきではなかったか!!　と、深く反省させられた。

二度と、登校させることは無理と思いつつ彼の後を追った。

（追うのは止めろ。この先、何が起こるか予想もつかない。追うのは止めろ。引っ返せ引っ返せ……。できるだけのことはしたではないか。彼は運がなかったのだ。引っ返せ、行くな！追うな！）

そう言う自分と、もう一人の僕が言う。

（乗りかかった船ではないか。最後まで最善を尽くせ。今までもそうしたではないか。そこで止めると一生悔いが残る）

教師になって三十年余りにもなるが初めての迷いで、自問自答しながら、気が付いたら彼の家の玄関先に立っていた。

ノックを何回も何回もしても反応がない。

（彼には家以外に行く場所はないはず）

五分、十分ノックを続けた。「先生は君が出てくるまで帰らないから」と言った。戸がサッと開き鬼の顔で現れた。

「なんで逃げ帰った？」

「先生は信用できない！　校長先生は遅刻してもいいから学校に来るように言っていたのに、なんで叱られなければならないのか!!」

「お前には神様と親が作った耳、口があるだろう。叱られたら『校長先生との約束でゆっくり来た』と言えば済んだことではないか」

最後の指導になると思い、言い訳させず、

「先生と遅刻もしないで頑張ると約束して十日もしないうちに遅刻をする。七百名余りのうち遅刻をしてきたのは君一人だ。それを指導するのは先生方の仕事。それを指導した先生が悪いと君は言うが、君は今までどんな頑張りをしてきたか。遅刻をしても反省もしない。お前の我がままのために皆困っている。本校で不登校の者は君一人だ」

と畳みこむと、「先生もグルか！」と顔を真っ赤に反撃して、今にもとび掛かりそうな勢いである。

「グルとは何だ！　言っていいことと悪いことがあるぞ。この馬鹿者‼」

と言うなりビンタを張った。運悪く鼻に当たり、鼻血が制服の上着に飛び散った。彼は動転して服についた血を懸命に拭き取ろうとしている。

「何を慌てている。人は鼻血では死なないからそのままにしておけ！　親に今日あったことを詳しく説明しなさい！」

彼の言い分も聞かずに帰った。

（学校に抗議の電話が来るか、親子で抗議に押し掛けてくるか）

今までの不登校の生活習慣から抜け出し、人生を変える最大のチャンスである。事務室で午後九時まで待機していたが連絡もない。親が子供を守ってみせる最高のチャンスを逃がした。我がままな親子はまた逃げた！

（関わってきた先生方がどのような気持ちでいるのか関心がないのか。この我がまま親は始末が悪い！　先生に会って息子に体罰をした理由を聞いてみようと思わないのか。不登校の息子に体罰してまでも登校させようと、毎日家庭訪問していた先生の気持ちを思いやる気はないのか!!）

これ以上面倒なことはごめんだと思っているのか、今までのような生活リズムの方がよいと、子供の将来のことに考えが及ばないのは腹も立つが、逃げたほうが楽だと私は後ろ髪を引かれる思いで学校を後にした。

その後二、三日は新聞の三面記事が気になった日々であった。

三月の吉日、彼の卒業式が、両親、校長、担任の参加で行われた。

母親はよほど腹にすえかねていたのか、挨拶も抜きに私に向かって、

「先生、息子を叩いたのは信頼関係があると思って叩いたのですか？」

と他人事のように聞いてきた（今頃になって？）。当日であれば、静かに、息子のためにあ

れこれ説明して納得させて「共に頑張りましょう」と言うところだが……。

彼に学校全体をしっかり見てくるように言い外に出した。そして母親に向かって、

「今の言葉をもう一度言ってみろ！　親の義務、責任も果たさないで、今頃になって何だ、その言いぐさは！　不登校の息子を認めてもらい、卒業式までさせてもらって『ありがとうございます、感謝します』と思いきや、他人事のように今頃になって、信頼関係なんて言える親か！あなたの息子は人間不信で誰も信用しない、無論、親も‼」

母親は私の反撃に言葉を失った。

「あなたが育てた大事な息子は、叱られたら『校長先生との約束でゆっくり来た』と言えば済むのに、遅刻したことを棚に上げて逆切れして『先生方は信用できない』と言い張るので、『何を馬鹿なことを言っている。皆ができることもできないで、叱られる原因を作ったのは君ではないか。責任を取れ』と教えたのだ。運悪く鼻に当たって鼻血を出してしまったが、君達親はその時逃げたではないか！　学校に押しかけてくるとか抗議の電話をするとか、息子を守ってみせるチャンスだったのに逃げてしまう。子供の将来のことを思うと命懸けで闘わないといけないのに……」

校長が「田島先生、もういではないか」と。

「イヤ、駄目です‼　親も子も甘え、我がままな者は言わないと何も分からない。子供が学校

に行きたくないと言えば、その原因を突き止めて、悩み、苦しみを解消してあげるのが親の役目ではないか。甘え、我がままの親子は中学生になっても一度も相談に来ない。親の責任だとは思いませんか？　努力することも社会のルールも教えないで、子供の好き勝手にさせては成長するはずはないのに！　その結果、不登校という最悪の事態になって、将来自立させるためにはどうしたらいいか気が付かない。自分の思いどおりにならないと人のせいにする。弟、妹も不登校だろう」

母親が「先生、どうして分かるのですか」と聞く。

（父親は社会的に地位の高い方であったが一言もなかった）

その時、彼が校舎内を見学して帰ってきた。何か得るものがあったのか、生き生きとしていた。何が転機になったのか知る由もないが、彼は翌年、心機一転、高校生になった。

生き方を変える

県下でも荒んだ学校として評判が悪いのに、なぜか転校生が多いのに驚く。イジメに遭って不登校になっている者、学業不振、不良交友、引きこもり等々、親は多くの問題を抱えたまま子供の再起を期待して転校してくる。どうせ転校するのであれば、評判のよい学校に転校したほうがよいと思うのだが……。問題傾向のある者が転校してくると、日々の指導にも難渋しているのに、先生は益々ゆとりがなくなる。


そんな転校生の一人が春香である。やはり担任が心配して相談に来た。

「新学期から一度も登校していません。保護者とも連絡ができません」

生徒指導主任の私が担任に代わって対応することになった。

家庭訪問へ。春香と母親がいた。担任が心配していることを告げた。

「明日からは登校します」

翌日、担任が「春香は登校していません」と報告に来た。今までの素行不良行為を改める気がないので、その場を逃げるために、「明日からは登校します」と約束をする者は、後で指導が非常に難しくなることがあるが、春香もそのような生徒かと思いつつ、二度目の家庭訪問へ。すると母親から昨日から家出したことを知らされた。

その後、春香が帰っているのではないかと、毎日家庭訪問をした。母親の話によると、

「春香は何度も家出を繰り返しているので、今までの友達と距離を置けば生活習慣も変わるのではないかと思い、転校してきましたが、先生方に迷惑をかけて申し訳ありません」

何度も謝った。

家出の原因を知るために毎日家庭訪問をしていると、ひとり親家庭であるはずが男がいた。

（そのような家庭では年頃の春香には悩みの種か）

また、初めのうちは親しく対応していたが、どうせ直る見込みがない娘のこと、毎日家庭訪問されては隣近所に迷惑になると思ったのか、居留守を使い、次第に私を避けるようになった。

二か月ほどして「市内T校の中学生、補導される！」と、その蛮行が新聞、テレビ、ラジオで大々的に報道された!!　家庭裁判所からの通知で、それが春香であることを知った。ここまで来ると無力な教師ができることはないだろうし、気も進まないのでほっておいた。

気がついた時には保護観察期間の一か月になろうとしていた。これから、家庭での保護観察

になるのか、女子学園（少年院）送致になるのか。いずれにしろ、教師は何をすればいいのか、確かめるために重い腰を上げた。

春香とは四、五分しか会ってないので見間違えたら困ると思いつつ待っていると、係官に伴われて春香が入室してきた。

「遅くなってごめん……」

意外な言葉が帰ってきた。

「先生が初めて会いに来てくれた」

「私が初めて……」

言葉を失った。係官がいなければ涙するところであった。

長い沈黙の後、

「……先生が初めてか」

「はい、初めてです」

「お母さんはどうした」

「会いに来ません」

「ここにいることは知っているのか？」

「たぶん、知っていると思います。お母さん達が会いに来ないのも分かります。すべて私が悪いのですから。今までに何回も立ち直ると約束して期待を裏切ってきましたから」

親が子を見捨てるはずはないと自問自答しながら、割り切れない気持ちで保護観察施設を後にした。

春香は女子学園（少年院）送致になった。再三、面会に行った。今までの友達のこと、学校のこと、家族のことが話題になったが、たとえそうではないと思っても、質問や反論、指導は控えた。

春香は自分にすべての責任があると悟っているようで、最後の面会の時、春香が生き方を変えることは無理と思ったが教師として言うべきことは言っておこうと思い、

「あなたの今後の人生や生き方について、先生が提案しようと思うが実行してみないか？」

「何ですか、先生」

私も真剣な態度で対面した。

「あなたが今までの自分を変える覚悟がないと言えない。勇気、忍耐もいるが、頑張る強い気持ちができたら人生は変わると思うのだ」

「何をするのですか？」

「あなたが今までの生き方を変えるためには、死ぬ気で頑張ると約束できないと意味をなさないから言えない」

「先生、本当に私にできるの？」

「できる、きっとできる!!」

「頑張ってみます！　今まで自分に甘え、我がまましてきたので、ここを出たら一からやり直したいです!!」

「今まで生徒達に『大切なことは友達を作ること、そうして友達を大事にしなさい』と教えてきたが、あなたがここにいるのは、その人達と深い関係があると思っている。彼らは今のあなたにはよい友達ではない。たぶん、悪友だろう。ここを出たら彼らには絶対に会わない！　彼らに近づいては生き方を変えることは絶対にできない!!　これが条件だ！　そうして、どうしたら自分を大切にできるか考える。自分を大切にできない者は、他人もあなたを大切にしてくれない。そして、一生懸命に勉強して、お母さん、兄さん、姉さんにお願いして、高等学校に行きなさい。きっと、あなたのお願いを聞いてくれると思う」

　そう約束して女子学園を後にした。


　二年後、高校受験の生徒達の引率でT高等学校へ行った。校庭をブラブラしていると「先生、先生」と呼ぶ高校生がいる。その顔を見ても思い出せないので、人違いかと思って周囲を見ても誰もいない。

「先生、私、覚えている？」

「イヤ……あなたは誰だ？」

「先生と約束したでしょう、高等学校を出ると」

当時、中学校でありながら生活が乱れ、肌はカサカサ。しかし目の前に立っている春香は昔のオドオドした面影はなく、別人のように生き生きと輝いている。

（人も変われば、こうも変わるものか……）

今日は生徒会の役員として先生方の接待をしていると言う。

「高校生になったか……よく頑張ったね、先生も嬉しいな……」

高校を出る約束をした当時のことが甦ってきた。親は娘を見捨てなかった。春香も一生懸命に勉強・仕事に頑張れば認められることに気付いたのだ。

そんな感慨にふけっていると、

「先生、別の高校を受験したいんですけど……」

「どうして？」

「この学校では皆、頑張らない」

「そうか、皆、頑張らないか……。二年生になるでしょう」

「ハイ」

高校はどこの高校を卒業しても同じ資格。

「あなたが頑張って、皆に頑張ればいいことがあることを教えなさい。あなたならできる‼　勉強して大学か専門学校へ行って資格を取りなさい、これからは資格が仕事の大切な入口になる」

今まで多くの大人に騙され、幾度となく地獄を見て生きるのに迷い、親にさえ見捨てられ、人を信用できないでいたが、自分の過ちに気付き、改めて耐えて頑張れば大事にされることを知り、向上心に燃えている春香を見ていると、生き方を変えることは不可能と思っていたが、彼女のように更生した現実に驚き、胸が熱くなった。

春香との再会で清々しい気持ちでT高校の校門を後にした。

家出息子帰る

玉城君の母親が生徒指導主任の私のところへ再度相談に来た。

「息子が三日も帰ってきません」

「前に家出した時に二度と家出をしませんと約束したではありませんか」

「我がままを言って約束を守りません」

「今度の家出の原因は何ですか?」

「毎月決まったこづかいをあげているのに何回も無心するので、父親が怒って『要求するだけ金をあげたら勉強しないで悪い遊びをするので金はやらん!』と言ったら大喧嘩になって……」

「金の使い道は分かりますか?」

「何度聞いても言わないです」

「お母さん、何に使っていると思います?」

「ゲームと買い食いしていると思います」

「学校には金を持ってこないように指導しています。また、買い食いも禁止です。お母さん、家族は何人ですか？」

「彼の上に姉が五人です」

「跡取り息子ができた、と息子を幼少の頃から甘やかし我がままに育てたのですね。要求もしないのに息子が喜びそうないろいろなものを買い与えた？」

「そうです。皆でかわいがって育てました」

「だから中学生になっても、要求すれば何でも好きなものが手に入ると思っています」

「前の家出の時は二度と家出はしないと謝っていましたが、その場だけです。どうしたらいいか困っています」

「親が苦労して得た金とは思ってないので、お父さんがダメと言ったら怒り出す。我慢をすることができないので、親の気持ちが分からない。要求が通らないとキレて家出をする。親を困らせて要求が通ると、この先大変なことになりますよ。心配でしょうが、ここは辛抱して彼が帰ってくるのを待つ。お父さんが金をあげないのは自分のためだと気付くまで……」

「その他はどうしたらいいのですか？」

「お母さん、息子の友達の家へ毎日毎日捜しに行ってください。友達には息子の居所を知らないかと必ず聞いて捜して、できれば一日に二度、三度も捜しに行って、『食事は食べているだろうか、風呂に入っているか、悪い友達と悪さをしてないだろうか、心配で夜も眠れない。会ったら早く帰るように息子に言ってくれ』とお願いする。いいですか、君達も一緒でないか、かくまっていないかと責めるようなことは絶対に言わない。それから学校には毎日来てください。親が心配して捜していることを生徒達を通して伝えることができると思いますので」

二日ほどして、家出人をかくまっている友のいることが分かった。急ぎその場へ。五名の者がゲームに熱中している。私の出現に驚いた。
「おー、家出人よ。お前、元気か？　お前の親は毎日学校に来て『息子はどこへ行ったか、食事は食べているだろうか、風呂に入っているだろうか、悪い友達に引き込まれて悪さをしてないか……心配で夜も眠れない』と嘆いているのに、家出人はゲームを楽しんでいるのか？　かわいそうに、大事に育てたと思ったら馬鹿息子になって、それで母親は夜も眠れないとは。中学二年生にもなって、高校入試のこともあるし、目標を決めて頑張るかと思っていたら、遊ぶ金が欲しいと金が手に入らないとキレる。先生は『自分で生んで甘やかして育てた馬鹿息子ではないか、諦めろ』と言いたいが、お母さんの寂しそうな顔を見ると言えない、かわいそうで……。君は、彼らが学校に行ったら、誰と遊んでいる？　噂では他校の生徒とオートバイを乗り回しているのを見たと……」

「違う！　オートバイには乗らない」

「信用できない」

「信用しなくていい」

「信用は大事だと思うが……。それで先生が家へ連れて行ったら、もう逃げないか？」

「イヤ、また逃げる、面白くない!!」

「我がままができないと逃げるか。じゃあ、バイバイ、先生は帰る」

　すると背後から仲間から非難の声が。

「本当に帰るのか、先生」

「帰る、帰る」

「先生は大変な人だな」

「そうだな。見つけたら連れて帰る先生もいる。しかし、こいつはまた我がままで逃げると言っているだろう。君達が証人だ。それに先生の車はガソリンでしか走れない。そのガソリン代は先生持ちだからね。それに勤務時間も過ぎているし、こんな我がままな者と付き合っている暇はない。悪い友達を持ったもんだ、かわいそうに。親が心配で夜も眠れないと捜し回っているると知りながら、『親が心配しているから帰れ』と注意もしない。これらを親友と思ったら、お前本当に親不幸だぞ。こういう友のことを悪友と言うのだ、よく考えることだ!!」

幾日も過ぎても「まだ帰ってきません」と親は嘆いた。

「息子は、今日帰ろうか明日帰ろうかと悩んでいると思います。じきに帰ってくると思いますよ」

かくまっている連中を呼んだ。

「オイ、悪友、馬鹿息子はまだ頑張っているのか。万一、事件・事故にでもあったら、君達にも責任があるから覚えておけ！」

怒って反抗すると思ったら黙っている。

「先生、親に言ったか？」

「何を？」

「僕の家にいることを」

「なんで先生が言うか。君の家にいたと言ったら、これから先、君はまずいのではないか」

皆、黙って帰った。

次の日、母親が嬉々として現れた。

「息子が帰ってきました!!」

「お母さん、息子は親の気持ちを理解したと思います、二度と家出はしないと思います」

母親は何度も礼を言って足どりも軽く帰っていった。

その後、彼は勉強にスポーツに頑張るようになり、親、担任を悩ますことはなくなった。

改心する、しない

二学期から補充教員としてE中学校へ。

引継ぎのため、職員室で担任を待っていると隣の先生が耳打ちしてくれた。

「教頭の隣に正座している生徒は先生のクラスの生徒です。喫煙で補導されたようです。難しいクラスですよ」

(それで先ほどから私を盗み見していたのか)

引継ぎの時、担任は「毎日、遅刻する者、無断欠席、家出、給食を食べて逃げる者達の生活指導に難渋している。このようなクラスを先生に引き継ぐのは心苦しい」と言った。

クラスへ行くと、新しい担任を迎える雰囲気ではない。座席の列はバラバラ、すぐに縦横をきちんと並べさせた。そして自己紹介の後、遅刻、逃げ、無断欠席は許さない。授業中は静かに先生の話を聞くように厳しく指導した。
二、三日でクラスの雰囲気は良好になったが、遅刻常習の大山君は注意、叱責しても相変わらず遅刻を改めない。意志が強いのか、それとも意志が弱いのか、はたまた、ケジメのないのか、だらしがないのか、指導の効果がない。厳しく指導すると反抗するのでゲンコツしたが改めないので、指導法を変えることにした。

「大山、罰として学校前の砂浜を一周だ！　先生も一緒に走るから」

「分かった」

砂浜へ送り出して五分ほどして急いで行くと、砂浜に人影なし……逃げた。

次の日、また遅刻してきた。

「昨日はどうして逃げた」

「走って帰ったよ」

「馬鹿を言うな、一生懸命に走っても六十分かかる。今日は絶対に走るぞ！　昨日みたいに逃げたら絶対に許さないから‼　会長、皆の代表として一緒に走っておけ。他に走りたい者はいないか」

放課後、気の弱い会長が渋々大山の後について行く。

十分ほどして砂浜へ急ぐ……また逃げた。私は一度決めたことは最後までつきまとい、絶対に逃げを許さなかったので嫌われていたが、この者も逃がさない！　ここが勝負所と決めた‼

「昨日はどうして逃げた！」

「最後まで走って帰った‼」

「馬鹿を言うな‼」

「会長、本当に走ったよね、ね。嘘をついてないよね」

会長は返事に困った。何度も何度も彼が念を押すので益々困った。

「お前、会長にまで嘘をつけと言うのか、この馬鹿者‼」

「だって走ったのに‼」

「お前、心もおかしいが、耳もおかしいのか！」

彼の左耳をつかみ強くねじ上げた。

「イタイイタイ、二度と遅刻をしないから、約束を守るから助けて」と哀願すると思ったが薄笑いをしている。揚句に「先生、もっと引っ張ってもいいよ」と挑発してきた。それでは、と更に力を込めてねじ上げた。涼しい顔で「先生、もっと引っ張ってもいいよ」とまたもや挑発するではないか。

耳を引き上げながら、はたと子供の頃を思い出した。兎を養っていた。移動する時は耳を持ち上げていたが、さて、人間の耳はどれほどの力に耐えられるのか。私は握力が一〇〇キロほどもあるので腕力には相当自信がある。強く引っ張って万一、耳が抜けたらどうしよう、と引っ張りながら心配になってきた。

私の心の動揺を見透かしたのか、「先生、もっと引っ張って」と、またまた挑発してくるではないか。クラス全員が事の成り行きを注視している。こうなっては耳が抜けようが意地でも負けるものかと力を入れようとしたが、右手の感覚を失い力が入らない。咄嗟に左手で彼の右耳を掴み、力の限り捩じり上げた。

彼は勝ち誇って薄ら笑いを浮かべ、「先生、もっと引っ張ってもいいよ」と更に挑発している。成り行きを見ているクラスの者は、彼の耳の異常に度肝を抜かれた。

（なんと恐ろしい耳の持ち主だ。このままでは負ける。罰している者が負けるとは示しがつかない！　方法を変えよう!!）

左手の感覚も失われてきたので引き上げるのを止めて、諭すように静かに言った。

「君に欠けているのは体力ではなかった。君は健康にも恵まれて、クラスでも一、二の腕力の持ち主なのに、更に走って体を鍛えようと思った先生が間違っていた、ごめん!!」

彼は勝ち誇ってニコニコと笑っている。間髪を容れず、「君に欠けているのは学力だったのになんで今まで気が付かなかった。今日から毎日放課後、先生と一緒に勉強しよう」と言い終わらないうちに、今まで勝ち誇っていた彼の顔色が変わった。人目も憚らず土下座して、「先生、勉強だけはさせないで。何でも言うことを聴くから！」

哀願しているのではないか。クラスの全員が注視しているのに、彼は恥じも誇りもないのか。とっさに、勝った勝ったと叫びたくなったが、土下座している彼の真剣な表情を見ていると、遠い昔の自分の姿に重なって見えかわいそうになった。私も学ぶことに興味・関心がなく、五年生になるまで文字が分からず、学校に行くのが嫌で嫌でずる休みしたいと何度も思ったことが、昨日のように脳裏をかすめた。

「先生、明日からは遅刻しないから‼」

「君は今まで何度遅刻はしませんと約束した？　信用できない」

彼は想定外のことになり困惑していた。

「彼は反省して二度と遅刻はしないと言うが、誰か彼の証人になる人はいないか？」

長い沈黙……。

「誰も、君の保証人になる人はいない。君は遅刻をしたために大事な信用を失った！」

先ほどまでの勢いはどこへやら、かわいそうになってきたが、簡単に妥協するわけにもいかないので、全体を巻き込むことにした。

「誰も信用しないとはかわいそうではないか。どうだろう、全体責任ということで」

またも長い沈黙が……。

「後になって彼が約束を破ったために放課後残されると、部活動に遅れたり、帰宅時間も遅くなったりするので反対と言う人はいないのか？　反対であれば反対と今のうちに言わないと、その時になって反対しても許さないから！」

　反対と言う者がいないので全体責任にした。

（今まで、我がままして遅刻をし、授業を妨害して先生方を困らしてきたが、なんてしつこい奴だ。今までの先生は、二、三回注意説教されても悪さを改めなければ指導を諦めて許していたのに、今度の担任は一度遅刻をするなと言い出したら、毎日毎日遅刻のことで説教されるし、反抗すると体罰される。嫌な奴に出会ったと思ったら気が付いてみると自分の悪さが全体責任にされてしまった。これから先、我がまますると、どんな罰をされるか分からない）

　ここは我慢のしどころとは思っているはずだが、しかし、彼の身になれば、学習意欲もなく、登校しても理解できない授業を一校時から終わるまで机の番をしているのは苦痛であるはずだ。

　教師の立場としては、今は理解できなくても静かに先生の説明を聞いているうちに少しでも理解できるようになれば、学習に興味・感心を持つようになることを期待するしかない。そのためには、今は、勉強は大嫌いだと拒否反応しても、最低限のことをさせる！　成人して、友の成功を見て、中学校の時勉強すればよかったと後悔させないために!!

　その後、彼の改心で、クラスは見違えるように変容した。

終戦間もないため、家が貧しくて幼少の頃に身売りされて学校にも行かず、今でも自分の子供の名前さえ書けない親がいるが、親戚に病める人があると聞けば直ぐに駆けつけ、祝い事があると共に喜ぶ、情け深い心優しい人がいる。この競争社会において学ぶという意味を深く考えさせられた彼の行為であった。

約束

補充教員一日目の給食が三分の一ほど残っていた。私の口にも合わない、生徒達も同じか、無理もないと思ったが、生徒達には「給食は、君達、成長期の心身の健康を育てるために献立してあるので残さずに食べるように」と注意した。

次の日はドライカレー。私は大好きなので期待していた。教卓に山盛りのカレーを見て驚き、肝を冷やした！

（昨日、食べ残すな、と注意したことに対する挑戦か……）

どのようにして盛ったのか理解できないほどだ。素手で盛るはずはないと思うが……。

〔後で理解した。別々の椀にご飯をぎゅうぎゅうに詰め混んで合わせたのだ〕

いずれにしても、昨日、健康のために全部食べるように指導したことに対する挑戦!!

（全部食べる！　挑戦を受ける!!）

目の前にある山盛りのドライカレーに黙々と挑戦。しかし、牛乳、水なしでは喉を通らない。

私が悪戦苦闘しているのを、上目づかいに皆が見ている。

（苦しい……苦しいが負けてたまるか）

一粒も残さずに平らげた体から冷や汗が噴き出ていた。しかし、闘志が沸いてきた。

（今に見ていろ、倍にして仕返ししてやる……）


ところで、あれだけの給食が残るのであれば、午後の部活動にも支障をきたすはずだが皆元気である。原因は何か？

それはこの学校が街の中にあること。生徒達は二～三校時の休憩時間にもなると、校外に出て買い食いしているようだ。先生方は輪番制で巡視しているが、馴れ合いになって効果がないのだ。巡視して驚いた。生徒が先を争ってジュース、パン、菓子、饅頭等を買い食いしている。

そのようなことで校外に出ないように指導するが、全く効果がないと先生方は嘆いた。

このようなことでは、学校経営もクラス経営も機能するはずがないと思い、仕返しの準備をした。

「校外に出てはいけないのに多くの者が校外に出て買い食いしている。明日からは校外に出ることは絶対に許さない！　万一、買い食いしている者を見つけたら、食べたものと同じものをクラスの皆に奢ってもらうがいいか？」

皆、黙っているので、

「他に意見はないか？　黙っていては分からないぞ。皆賛成ということだな？」

後で反対と言っても絶対に許さないため、再三、念を押した！

皆に奢るなんてできるわけがないと考えているのだろうか。

次の日、巡視していると、玉城君が饅頭を食べているのに出会った。彼は困った顔した。静かに「おいしいか」と尋ねた。
「ハイ……」（元気のない声）
彼は叱られると思って緊張していたが、注意も叱りもしないので、助かったとたぶん思った。
終わりの学活、玉城君のことを話題にした。約束どおり、先生を入れて三十七個の饅頭を持ってくるように告げた。

その後、饅頭を持ってくる様子がない。毎日毎日毎日催促した。彼もクラスの者も冗談と思っていたようだが、私が真剣にしつこくしつこく催促するので逃げられないと思い始める。

玉城の母親から電話が来た。

「先生、息子が言うには、毎日、饅頭を持ってくるように催促しているようですが、冗談ですよね？」

私はすかさず、

「お母さん、冗談ではありません」

「分かりました」と電話が切れた。

しばらくして、お盆に三十七個の饅頭をのせ、玉城君の母親が来た。事の次第を説明しようと思ったが、急用があってか怒っているのか、早々に帰った！

給食後、

「玉城君のお母さんが約束どおり、皆の分、饅頭を持ってきた。感謝して食べなさい！」

皆、食べようとしないので持ち帰りは許さないと促した。せっかくの奢りであるのに、笑顔もなく皆、黙々と食べた。

この指導は諸々の効果を発揮した。

給食の残飯がほとんどなくなった。また校外に出ないようになった。遅刻、逃げ、無断欠席もなくなり、クラスの雰囲気が好転した。

仕返しは私の勝ちと思ったが、その後、買い食いしている者もいなくなり、授業中、先生方の説明を真剣に聞いている姿を見て、彼らの勝利になったのかと思いつつ、六か月間の補充教員を無事に終わった。

私に協力してくださった玉城君のお母さんに、感謝感謝である。

死ぬのを待って！

初対面の日、担任の先生がどのような者か確かめに来たのか、英子は給食を食べて逃げた。

次の日、家庭訪問へ。

祖父母宅の別棟に住んでいるひとり親家庭である。祖父母は私の訪問で、英子が不登校であることを初めて知ったようである。自分の娘に怒った。「どうして今まで英子（孫）の不登校を黙っていたか」と。

それからは、娘と孫に厳しく躾をするようになった。学校へ行ったかと、毎日毎日……干渉するようになり、それでも英子は相変わらず不登校で、私も毎日のように訪問していた。

祖父母から厳しくされると親子は怒った。毎日が喧嘩、喧嘩……。二人は祖父母から勘当された。

母親は英子を厳しくしつければ直るのではないかと厳しくした。英子は自分の非行が原因で勘当されているのに改める気がないので、母親に厳しく叱られると腹を立て、包丁を持ち出して「殺してやる」と母親に立ち向かった。母親は驚き逃げた。そして助けを求めて来校した。

「先生、どうしたらいいですか、このままでは娘に殺されます！　生きた心地がしません」

「英子が興奮している時は逃げてください。話せば分かると言っても駄目です。そのような時は逃げる、逃げるのです!!　英子が最後に頼れるのはお母さんしかいませんから大丈夫ですよ！」

そう諭して帰した。


年明け、母親が来た。

「先生、生きていても意味がありません。今までは娘のために頑張ろうと思っていましたが、益々悪くなるし、親、兄弟からは勘当されて、正月は二人きりです。寂しいです。それで生きていてもしようがないので、包丁を準備して娘と刺し違えて死のうとしたら逃げられました！　どうしていいか分かりません!!」

「お母さん、本当に死ぬつもりですか？」

「ハイ、先生」

「お母さん、死ぬのはいつでもできますよね。お願いがあります、私は四月に転勤になります。あと三か月、死ぬのを待ってもらえませんか。今、お母さんと英子に死なれては非常に困りますので、達てのお願いです!!」（私は本気）

母親は大きな声で泣き笑い、その泣き声で、この親子は当分死なないと思った。

英子は相変わらず不登校。いつもたむろしているところに行くと逃げる。不登校の原因も理解できない。親子も無事で、私は転勤になった。


一年後、高校入試の日、英子がたむろしていたところへ。英子は逃げず一年ぶりに会えた。

英子は私を見て驚いた。

「先生、どうして来たの？」

「たぶん、そうではないかと思うてな。どうして受験しなかった？」

「先生、無理、無理」

「三年生になっても怠けたのか、それは残念だ。英子、人生は長いよ、二、三年遅れても大丈夫。先生も二年も遅れて大学を出た。今の世の中、高校卒業程度の資格がないと生きていくのは難しい時代だよ」

一年後、英子が商業高校に合格したという噂を最後に聞いた！

問題児ではない！

私は新任紹介の時から厳しい注文を付けたので皆用心しているのに、明子だけはまとわりついてきた。

「先生、生まれはどこ？」（田島姓が沖縄県にはないと思っているのか）

「奥さんは？　子供は何人？　……」

明子が変わってきたのは夏休み明けであった。頭が痛いとかお腹が痛いと言って休む。元気者が？　と不思議に思っていたら家出をした！　毎日、家庭訪問したが、祖父母は家出の原因が分からないと嘆いた。

情報がいろいろと入ってきた。男と一緒にいたとか、夜、何処其処にいたと、女の子が夜遊びを覚えると我々教師は無力で、指導の糸口さえ見つからない！

しばらくすると家に帰っていることが分かった。急いだ！

「どうして家出をした？」

長い沈黙。

「黙っていては分からない」

「学校が面白くない」

「面白くなければ学校に来なくて夜遊びをするのか？　男と一緒にいたというが本当か？」

「友達と一緒に遊んでいた」

「これからどうする？」

「明日から学校に行くから!!」

登校してきた。今までのように何事もなく日々が過ぎた。安心していたらまた家出をした！

毎日毎日、家庭訪問した。

しばらくして帰っていることが分かった。副担任が急いだ！

授業から戻ると事務所に呼び出された。

「副担任が行ってから一時間も過ぎています、早く行ってください！」

心配するのも無理もない、家庭が複雑なのだ。

路上で二人が無言で睨み合っている。私と替わった。

「どうしてまた逃げた」

「面白くない」

「お前、中学校二年生にもなって面白くないと勝手なことを言って、これで世の中が通るか、馬鹿者。また面白くなければ逃げるのか」

「もう逃げない」

「前にも逃げないと言ったが、今度家出する時は遠くへ逃げろ！　近くでウロウロされては目障りだ、東京とか大阪とかに」

「ああ、逃げてやる！」

売り言葉に買い言葉……しまったと思った。

「明日、先生が五万円持ってくるから」

飛行機の料金がいくらかと聞くので片道二〜三万円だと言ったら、帰ってくる金が足りないと言う。

「お前、今、何の話をしている、馬鹿者が！」

言うなりビンタを張った。逆上してわめきたてた。側溝の上に二人ともひざまずき、お互いに納得がいかないことを大声でわめいていた。二人の激論を近所の人達が見ていたのに。

「いいか、今度逃げたら絶対に許さない！」

その後は通学していた。しかし夜遊びを覚えて我慢することができないのか、しばらくしたらまた逃げた。

毎日毎日……、祖父母の家に家庭訪問した。祖父母は「先生が担任になって孫は悪い子になった」と言った。

「おばあさん、孫は今、自分がしていることが後でどうなるか分からない、今楽しければよいと思っています！　孫を夜遊びに出しては駄目です。駄目なものは駄目！　厳しくしつけてください‼　おばあさんの悩みの半分は私が持って帰るので頑張りましょう」

そう言ったら、台所から塩を持ち出して興奮して私に投げつけた。おばあさんの気が済むまで黙って塩をかけられた。

そのまま帰ると次に繋がらないので、帰る時、庭に沢山咲き誇っているガーベラの花を見て、

「おばあさん、これ、何という花？」

ぶっきら棒に「分からん」との答え。

「これ貰っていいです？」

「好きなだけ持って行け」

孫娘はまたまた家出、今度は近くの村落のおばさんの家にいることが分かった。急いだ。

「明子は来ていない」と言い張った、靴もあるのに。

「明日、警察と来ます」

副担任と行ってみると「昨日帰った」と言う。

おばさんなる者は、後で分かったことであるが、実母であった。明子がかわいそうになって

きた。

（必ず更生させる‼）

祖父母の家から通学させては、甘やかし我がままさせるので、更生は無理と分かった。父親は一キロほど離れたところに住んでいる。父親、継母、祖父母、副担任を交えて教育相談をすることにした。

私が今までの明子の生活ぶりを説明していると父親が怒り出した。

「僕の子は問題児か！」

血相を変え、こぶしを握りしめ、今にも飛び掛からん勢いである。

「お父さん、明子は自分が楽しければいいと、先生方の注意も説教も聞きません。目先のことしか分からない子供です。人生に迷っています。今、お父さんが頑張らないと、とんでもないことになりますよ」

それでも「僕の子は問題児でない！」と主張した。お互いに納得がいかないので状況が益々険悪になってきた。

「お父さんや先生方が明子は問題児ではないと言っても、世間が問題児と言ったら問題児です。世間は我々が見えないところまで見ていますよ」

自分の子は問題児ではないと言い張るので、

「お父さんは、私のように子供達を世話したことがありますか？」

「ない!!」

（考えてみれば、こんな親に娘の悪い生き方を告げる人はまずいなかったのだ。だから教育相談といって娘の悪口を言われて冷静でいられるはずはないのだ）

「それでは、今後、娘を先生方と協力して育てるか、それとも自分で育てるか、決めなさい！」

すると後ずさりして畳に頭を押し付けて、「先生方にお任せします」と言う。

「それには条件がある」

冷静になって、

「それは何ですか？」

「明子はお父さんのところから通学させることです」

父親も継母も祖父母も納得した。

「私が、明子が落ち着くまで迎えに来ます。その時は、いつも、私を笑顔で迎えてください。不機嫌な顔で対応されては、明子は育てることはできない」

毎日迎えに行った。明子はクラスに戻ってきた。しばらくすると自覚して自分で登校した。

格別なアイスクリーム

中学生は高校入試という試練を受ける。その発表の日は、合格した生徒達の喜ぶ顔を見て共に喜び、一方、数少ない不合格の者の落胆、悲しんでいる顔を見ると、どう励ましていいのか複雑な気持ちになる。その喜びと悲しみが人生の成長に繋がってほしいと願わずにはいられない日である。

二年次に私のクラスだった雅子が一人不合格になった。

進学率が低い時代なら多くの者が不合格になるので、「また来年頑張れ」と励ませばよい。しかし、進学率が九〇％にもなると、不合格になると精神的なショックは計り知れない。友達が心配して慰めに行ったが会ってくれないし、「担任に再三どうしたらいいのか相談しようと思っても取り合ってくれない」と言って、私のところへ来た。担任と今後の進路について相談するのでその前に私が相談に乗るのは気が進まない。そのためこの生徒達からの相談は断った。しかし再三相談に来られては拒否するわけもいかず、雅子に会いに行った。

雅子に部屋から出てくるように呼びかけても返事もないので、「出てこなければ、先生が部屋へ行く」と言ったら泣きながら出てきた。「さあ、いつまでも部屋に引きこもっていると体にも悪いし、よい考えも浮かばないぞ。気分転換にドライブでもしよう」と誘い出した。

泣き続けているので黙って車を走らす。しばらくして、

「アイスクリームでも食べようか」

「いりません……」（素っ気ない返事）

再び黙って車を走らす、長い長い沈黙が……。

「どうして、雅子は人を助けて三日三晩も泣いているのか。体に悪いから、もう泣くのを止めなさい」

すると、雅子の顔に見る見るうちに生気が甦ってきた。

「合格した者より少し頑張りが足りなかったのか、それとも運がなかったのか、いずれにしても悪いことをしたわけではないからね。再度、同じ高等学校へ挑戦しなさい！　あなたのことが心配だと、友達が先生のところに来た。友達に会うのもつらいだろうけど、しばらくの辛抱だ、時間が解決してくれるから。実は、先生も出来が悪くて小学校一年生を二回やった、落第だ。そのせいで一つ年下の者達と走ることになり、陸上競技大会に地域代表として参加するようになった。落第がきっかけで走る喜びが習慣になって五十歳の今でも走っている。今までの

人生を振り返ってみると落第してよかったと思っているのだ。あなたの人生は今から。あなたが偉くなって多くの人々の協力が必要になった時、同級生が二倍もいたら助かるぞ。そうだ、アイスクリームでも食べようか」

「ハイ」と元気な声が帰ってきた。

その時、食べたアイスクリームの味は格別であった。


次の年、雅子は希望の高校へ進学した。

十年後、雅子は友達に会うたびに、田島先生は元気かと聞いていると言うので、雅子に会いに行った。雅子は私を見て驚いていたが、

「先生、元気ですか？」

「近くに用事があって寄った」

私をレストランへ誘った。成長した雅子との会話は弾み、その時の昼食は格別であった！

モンスター親子

遅刻、服装違反、厚化粧、授業中の私語、居眠り等々……。この校則違反を一、二年次の先生方はどのように指導してきたのか、理解に苦しむ。

三年次になって生徒に校則違反を改めさせようと思っても素直に納得するはずがない。今までは許されていたのに嫌な奴に出会ったと、反抗、反発する。指導されている時は「ハイハイ、今後悪いところは改めます」と反省した振りをする。先生方は二度三度指導しても改めないと、指導の効果はないとたぶん諦める。生徒達はそのような先生を見抜いて、甘え、我がままをして校則違反をしている。

しかし、私はそのような者が改めるまでしつこく付きまとっていた。悪さを改めさせて能力を伸ばすために。

一か月も過ぎようとしているのに、何度約束しても改めようとしない奈子が遅刻してきた。服装違反、厚化粧、爪は長々と伸ばしてマニュキアをしている。

「その指の爪はどうした！　注意して益々悪くなっているのではないか。この馬鹿者!!」

とゲンコツした。目は怒りに溢れ睨み返している。「その態度は何か！」とまたゲンコツした。

前に、母親と教育相談した時は、遅刻、服装違反、授業中の私語、遅刻、化粧等々の改善に協力をお願いした。親子共に「今後気を付けます」と約束したのに指導の効果なし。

翌日、母親が挨拶も抜きに「話があります」と押し掛けてきた。

「なんで娘を殴ったんですか！」

「愛のムチです。二度と違反はしませんと約束しましたよね。何一つ改まっていない。それどころか、遅刻は改めない、爪を見たら長々と伸ばしてマニュキアまでしているので、何回注意したら分かるかとゲンコツしました」

「話せばいいんですよ、先生！」

「あなたの娘は話しても理解しない子です。いつも指導されている時は、『ハイハイ、二度と違反をしません』と約束しても守らない」

「話せば分かります」

「お母さんも一緒に指導しましたよね、益々悪くなっています！」

「何度も話し合えば分かります」

「母親が何度も話して悪さを直したらいいです。ここは私立の高等学校です。入学する時に校則は守りますと約束したではありませんか。生徒手帳にも書いてあります、再度確認したらいいです。高校生にもなっても同じことを何度も注意するのですか。これは親の責任です、校則違反しないようにしつけるのは」

「もっと話をしてあげれば、いつか分かります！」

「話が噛み合いませんね、お母さん。今日は娘の悪さを改めさせるにはどうしたらいいか、相談に来たのですか、それとも抗議に来たのですか」

「先生、抗議に来ました！」

「そうですか、言いたいことがありましたら、どうぞ」

「先生、娘は爪を伸ばしていません。マニュキアもしていません。見てきました」

「お母さん、爪は切ればなくなります。マニュキアも落とせば消えます。そんなことより、お母さん、娘と夕飯を作ったり一緒に食べたことがありますか」

「先生は服装違反だと言って娘に厳しくしているようですが、娘が言うには他のクラスにも似た者が沢山いるのに自分だけ厳しく怒られていると」

この母親は娘と同じで校則違反を認めず、校則は守らなくてよいと思っているのか。私に問い詰められると話題を変える。

「先生は、娘にパンパンと言ったようですね」

「女の子にそんな汚い言葉は言いません！」

「娘は怒っています‼」

「だから言ってません！　自分でそう思っているのではないですか」

水掛け論で、あったものがなくなり、なかったものがあったと言う。Ａと言えばＢと、Ｂと言えばＣと……自分の都合のよいように、娘の悪いところは認めない。このような親は、娘が高校生になったため、目標を見失い、親子とも我がままで、注意、叱責、説教されると非難された、悪口を言われた、行く手を阻む嫌な奴と腹が立つのだ。先生が娘の悪いところを改めさせて、能力を発揮させるために厳しく指導しているとは夢にも思わない。始末が悪い。ここまで来ると、相手を打ち負かすためなら何でもする。

私も怒り心頭で、生徒間で彼女が夜遊びの常習犯であるという情報があるので反撃に出た！

「言いにくいことですけど、娘さんは毎日朝帰りですよね。夜寝てないので、肌荒れを隠すために厚化粧してくるのではないですか。学校は化粧してくるところではありません。校則にあるように勉強、スポーツの妨げになるようなことは禁止されています。夜遊びは校則違反ですから絶対に許すことはできません。また何度も言うように、服装違反、厚化粧、マニュキアも違反です。それが納得がいかないと抗議に来られては心外です。このようなことは、元はと言えば、親の躾が間違っているからではありませんか」

母親は顔を真っ赤にしてしばらく黙っていたが、荒々しく席を蹴って出て行った！　その後ろ姿を見送りながら、これは終わりではなく闘いの始まりだと覚悟した。

（それにしても、僕も馬鹿な先生だ。あんな親子には一、二年の担任のように調子を合わせて放っておけばいいのに、あえて挑戦するとは……）

厳しく学校に抗議すると、娘の校則違反が表に出て退学になる恐れがあるので伏せたのであろう。その後おとなしくなり、私を悩まさなくなった。

このような多くの保護者に出会うことによって私も日々成長した。

〔当時、二十代の青年教師は教育者として理想に燃えていた。このような対応・指導が一過性のものでまさか定年まで続くとは夢にも思わなかったが、それは私自身の生き方の問題だと後で気が付いた〕

カレシに車を破壊させる⁉

女教師が「先生、車が壊されました！」と報告に来た。

「生徒を厳しく指導しました？」

「昨日、直子さんを指導しました」

「直子は今まで、両親と再三教育相談したではないですか。立ち直ってないですか」

「益々悪くなっています。遅刻はするし、授業中、私語して周囲を困らせているので、厳しく指導しました」

「教育相談しても直らないのですか……。生徒達の噂は本当なのかな。他校の男生徒と夜遅くいるのを見たと」

「本当ですか？」

「噂だから本気にしなかったのですが、再三教育相談しても直らないということは、保護者に何か原因があるのではないかしら」

そんな話をしながら駐車場に行ってみると、車の壊れ方から、女生徒のできることではないと思った。しかし、彼女が関わったことには間違いないと思い、彼女を呼んだ。

「どうして、先生の車を壊したの？」（鎌を掛けた）

「私は車を壊していません!!」

「先生もそう思う、あなたの力ではあのように壊すことはできない。先生が聞いているのは誰に頼んで壊させたかと言うことだ」

「先生、嘘ではありません、壊したのは私ではありません」

直子は目線を合わせないし、イライラして落ち着きがない。

「先生もそう思う、あなたの力では壊せない。先生が聞いているのは誰に頼んだのか。担任はあなたのことを心配して、お母さんも交えて何回も話し合ってきたでしょう。納得がいかない時は、自分は何も悪いことはしてない、先生に叱られるようなことは何もしていません、と言えば分かってくれるはずなのに……。車に当たるとは、先生は悲しんでいるよ」

二人の間に長い沈黙が続いた。

「他校の男生徒に、先生の車のナンバーを教えて、壊すように頼んだ！」

「先生はあなたの悪いところを改めさせ、よい子にするために叱っているのに、反省しないで、なんで先生との約束を守らないで、先生を怒らすの」

「いちいち、小さなことにも文句を言ってイライラする！」

「その小さなことがどうして直せないのか。あなたが小さなことと思っていることが、他の生徒は授業を邪魔されて困っているのだ。どうして、皆と同じようにできないの」

「弁償する！」

「それは当然だ。しかし、弁償すればよいというものでもない。あなたが今後どのように変わるかが問題だ」


直子の両親を呼び出した。

直子の非行のことで再三教育相談をしてきたので信頼関係ができていると思ったが、意外な展開になってきた。母親が車の弁償はするが、子供を信じると言う。

「子供が言うには、田島先生をはじめ先生方は、私達親に言うことと子供に言うことが違うと」

「お母さん、直子は反省もなく我がままがしたいので、先生方を悪く言って逃げようとしています」

「それは分かりますが……子供が言うには、田島先生をはじめ先生方は信用できないと言っています。私は、先生より自分の子供を信じます！」

「お母さん、直子は遅刻、授業中の私語で先生に叱られたら、他校の男生徒に頼んで先生の車を壊させているのに、それでも子供を信じるのですか」

「子供を疑っては生きられないですよね」

「それは、時と場合です。今まで信じられる良い子にしようと、再三教育相談してきたのではありませんか」

「でもね、一回の失敗で子供を信用しなくなるのは寂しいですよね」

「お母さん、一回ではありません。小さな小さな嘘や悪さの繰り返しが今回のような事件になったのです。お母さん、お父さんが駄目なものは駄目だと教えないから、同じようなことを繰り返すのです。親に責任があると思います」

「でもね、先生、私は子供を信じます！」

「子供の嘘を信じるのですか」

「子供のすべてです‼」

教育相談をしていると腹が立ってきた。

「お母さん、近頃、夕飯を一緒に食べたことはないですよね。生徒達の評判ですよ。お母さんの娘は才能、能力にも恵まれています。しかし、甘やかし、我がままに育てたために能力を発揮できない。学校には校則があります。娘と一緒に再度確認して違反のないようにしつけてください。今後は、直子が逃げたり、無断で休んだら、担任か私が家庭訪問します」

今度の事件が起こる前まではいつも父親が一緒に来たが、一度も意見を言ったことがない。一方的に母親が仕切っていたことに気が付いた。

その後、二度と直子は遅刻、逃げ、無断欠席、授業態度が悪い等々で先生方から指導されることなく卒業した。

祖父母と孫

生徒指導主任の私のところへ、若い女教師が、山田君の非行のことで相談に来た。

「彼は毎日のように遅刻します。理由は起こす者がいないと言い訳をする。また、給食を食べて午後は逃げるので指導に困っています。保護者と何度も教育相談をしましたが、親にも反抗的で益々悪くなっています」

他のクラスのことなので、どうしたものかと悩んでいた。

「それでは、しばらく関わっていいですか？」

「そうしてもらえると助かります」

彼が改心すれば学校はよくなる。彼を呼び出した。

「毎日、遅刻して先生を困らしているようだが」

親は彼を起こして仕事に行くようだが、登校するにはまだ早いので、彼はまた寝てしまうと言う。

「そうか、また、寝てしまうのか。妹は遅刻もしないのに、兄の君が毎日遅刻しては兄の立場がないと思うが」

長い沈黙。噂では、不良交友、夜遊びが、遅刻の原因になっていると思うが、証拠がないので指導は難しい。

「そう言えば、君は朝帰りだという噂があるが……」（鎌を掛けた）

怒った。

「誰が言った！」

「だから、噂だと言っただろう」

「違う、朝帰りではない‼」

「そうか、先生も違うと思うが、噂になるようなことはするな。明日からは遅刻しないで登校できるか」

「約束できない！」

「それでは先生が迎えに行こうか」

担任でもないのに迎えに来るはずがないと思っているのか。

「いいよ、先生」

当時は八時四十五分登校。職員会議もあるので、八時に迎えに行くから準備して待つように約束した。

次の日、祖父母に自己紹介して、「孫は遅刻が多いので今日から迎えに来ることになった」と告げた。彼は離れの一軒家にいつも一人で寝ていた。

「先生、孫は先ほど学校へ行きました」

しかし、彼は不登校であった。その日を境に不登校が始まった！

時々、登校して給食を食べて午後は逃げる。担任にはその都度、厳しく指導すること、保護者には指導の近況報告をするように助言した。

ここまで問題になると、父母では指導は難しく、報告してないと後々困ることがあるので、連絡を入れさせた。

今までは遅刻、逃げで済んでいたが、私が関わるようになって不登校になり、父母は驚き悩んでいた。父親は「田島先生にすべて任せたほうがいい」とＰＴＡ役員から告げられたが、母親と祖父母が私の悪口を言い、批判しているので、「自分の悪口を言うのはいいが、田島先生の悪口を言うのは許さない」と言い家庭不和になり、とんだとばっちりを受けたもんだ。

毎日八時に迎えに行く。早く着いても車を拭いたりして八時になるまで待つ。祖父は八時にならないと屋敷に入ってこないのは、「孫が逃げる時間を稼いでいるのか」といろいろ文句を言い始めた。

「先生が迎えに来るようになって孫は悪くなった、来るな!!」

彼との約束だからと、祖父の言動を無視していると、私の郷里の悪口、例えば私の地元の地域住民は根性が悪いとか、私の知らない昔々に起こったらしい事件のことを言い並べた。正月には県知事も私に挨拶に来ると、自分は偉いと私を威嚇するようになったが無視して、約束どおり八時に迎えに行く。

「孫が益々悪くなったのは先生の責任だ！　明日からは来るな!!」

それでも約束だからと祖父の文句を無視して八時に迎えに行く。

「先生、来るな!!」

祖父が厳しく告げた。

「彼と八時に待っている約束したので、彼が約束を守るまで迎えに来ます！」

彼は隠れて私と祖父母の様子を見ているのではないかと思うようになった。そうであれば、祖父が私に厳しく対応していることを見て、どのように思っているだろうか、興味が湧いた。祖父は自分の味方、今日もうまく逃げたと思っているのか、それとも、学校にも行かず、約束を守らず、祖父に心配かけて申し訳ないと思っているのか。

どうせ迎えに来ないだろうと軽い気持ちで約束したら、一か月余りも毎日迎えに来るとは、しつこい、嫌な奴に出会ったという敵愾心があれば、指導のチャンスではない。彼に重圧をかけての指導は二度はできない。彼が変われば学校も変わる。覚悟の対応である。指導のチャンスが来るのを慎重に待った。

彼の友に、彼のことを聞く。皆、関わりたくないのか、「知らない」とそっけない。

「知らないのか、君に聞けば分かると思っていたのに……」

今になっては、全校生徒五百名余りの者が事の成り行きに関心があるはず。

更にひと月ほどして彼の友に近況を聞いた。学校に来たいと言っているという。「今まで約束を破ってすみませんでした」と謝りに来られては、厳しい指導は難しい。非常に困る。指導のチャンスが近いことを知る。

ある朝、目が覚めた。直感で指導は今日だ！　と。家を三十分早く出た。

祖母から部屋の鍵をもらった。祖父は三十分も早く来たことに異変を感じ、「なんで鍵を取るか」と怒ったが無視した。

彼は鍵を開けて私が入ってきたことにも気付かず寝ていた。耳元で大声で「起きろ！」と怒鳴った。彼が起きるなりビンタを張った。

「今日は絶対に許さない！　先生が君の悪事を知らないと思っているのか。さあ、立て‼　今日は先生と思うな。男対男の闘いだ！」

私はワイシャツを脱ぎ、「掛かってこい、馬鹿者！」と言うなり往復ビンタを張った。

「自分で八時に待っていると約束して逃げ回って、絶対に許さない！」

私の怒りが収まるのを首を垂れて耐えていた。

鍵を返しに行くと、祖父が鬼の顔で「先生が孫を叩く権利があるか！」と大声でわめきたてた。無視して屋敷を出ようとすると、背後から大声で、「それでも先生か！」と益々悪態をついているので、祖父のところに戻って静かに言った。

「おじいさん、孫を甘やかし、我がままさせていると、いつかおなわにかかる。そうなってからでは、教師として悔いが残るではないですか。後悔しても遅いので」

私が言い終わらないうちに、腰掛から滑り落ちるようにして、頭を畳に押し付け、

「先生、私が悪かった、許して、許してください！」

大声で泣き出した。静かに見守っていた祖母も泣いている。

「おじいさんの気持ちがきっと孫に伝わりますよ」

私は清々しい気持ちで屋敷を後にした。その後、二度と屋敷の敷居をまたぐことはなかった。

彼は立ち直り、学校から遅刻、不登校が解消し、我々教師を安堵させた。彼は卒業する時、「先生、必ず恩返しをします」と卒業した。

〔十五年後、彼が沢山のお土産を持って子供を連れて遊びに来た〕

カレシの抗議

再三授業に遅刻してくるし、私語、理科の実験でも悪戯して危ない、注意しても改めない、という陽子がまた悪びれた様子もなく遅刻してきた。「何回注意したら分かるか！」とゲンコツをした。謝るどころか眉を吊り上げ、目に怒りを溢れさせ睨み返している。そのような目付きで睨み返されると心は穏やかではいられない。準備室で正座して対峙した。

「約束しても守らないのは先生に不満があるからではないか」

「何もありません！」

「何もない？　何回も遅刻はしません、実験も頑張る、と約束して守らない。皆、怒っていると思うが」

自分が不利と思ったら黙ってしまう。

「黙っていては、あなたが何を考えているか分からない。先生に不満があるなら言いなさい」

「不満はありません」

頑張ると約束したが反省している態度ではない。

（遅刻する原因は何だろう。校外でタバコを吸っているのか……）

他の先生方は許しているのに、いちいち文句を言って頭にくる、自分の行く手を阻む嫌な奴と思っているので指導は難しい。


放課後、五名の男生徒が抗議に押し掛けてきた。一人が進み出て、眉を吊り上げ怒って、

「先生、陽子を殴っただろう！」

彼より語気強く、

「愛のムチで指導した。暴力とはとんでもない。先生は教師になって三十年になるが、自分の腹いせいで暴力をふるったことはない！」

「嘘だ!!」

「嘘ではない。暴力を振るうぐらいだったら、生徒が悪いことをしても見て見ぬ振りをする。陽子は先生に暴行されたと言っているのか？」

「言っている、だから来た」

反省して今日からは頑張ると約束したが、あれはまたまた言い逃れの嘘だったのか。反省の色は全くないのだ。

「ところで、君は陽子の保護者か？」

「違う」

「では兄弟姉妹関係か？」

「……違う」

「では親戚か？」

「違う！」

「保護者でも兄弟姉妹関係でも親戚でもない君が、他人の陽子のことで先生に文句を言いに来たのか。先生に理解できるように説明してくれ」

返事に困っている。

「今まで、何回も何回も遅刻、私語、危ないから実験の妨害をするなと注意した。そのたびに反省して約束したが益々反抗的になっている。君の言動からは我々が加勢するから先生の言うことを聴くな、遅刻、授業妨害など好きなようにしたらいいと聞えるが。陽子が好きなのか？」

沈黙。

「陽子をよくしようと思えば先生の注意を聞くように注意すべきではないか。あべこべに先生に抗議して彼女の機嫌を取ろうなんておかしい！　陽子は才能も能力も根性もあるが、いろいろなことで迷っている。君が助けてあげなさい！」

しばらく黙っていたが、「すみませんでした」と言って帰っていった。

生徒達の言動が理解できない時もあるが、これが成長の過程かと思うと心も休まるが、反抗されると心は穏やかではいられない。陽子を呼び出して指導しようと思ったが止めた。その後、陽子は二度と注意を受けることなく、無事に高校生になった。

父親の殴り込み

「先生、大変です！　お父さんが殴り込みに来ています!!」

「どうして？」

「とにかく二年生の教室に行ってください！」

急いで三階へ。廊下は沢山の生徒で溢れているではないか！　その間を押し分けて窓から教室の中を見て驚いた。先生を押しのけて教壇に立っているのは父親なる者。

「自分の娘をイジメているのは誰か！　出てこい!!」

大声で怒鳴っているのだ。そばには丸刈りの若い男が腕組みして控えている。生徒達は萎縮している。

父親が私に気付いた。私は窓から手招きをした。

「お父さん、どうしたんですか？」

「娘をイジメている者を捜している」

「お父さん、そこではまずいので校長室で話し合いしましょう」

興奮して、「娘をイジメている者が出てこない！」と息巻いた。

「直接お父さんが教室に来ては駄目です！」

「どうして！」

「関係のない者も巻き込まれる。皆、お父さん、お兄さんを見て驚いて不安になるし、二年生の授業ができないです。とにかく娘さんの言い分を聞いてからにしましょう！」

娘を呼んで尋ねた。自分をイジメているのは会長の徳里君だ、と言う。

徳里を呼んだ。彼の姿を見て父親も私も驚いた。身体が小さく、スポーツで鍛えている娘をイジメているとはとても思えない。

「どうして信子をイジメている」

彼は震えて更に小さくなった。「自分はイジメていない……」と小さな声で答える。

娘は黙っている。父親は娘にも劣る彼の体つきを見て、先ほどまでの怒りが萎えて追及する気力がない。「二人ともこれからは仲よくするように」と諭している。

〔あとで分かったことだが、二人はクラスの会長と副会長の関係であった。私には理解不能の事件である〕

その時、教頭が窓から顔を出した。「あれは誰か」と聞くので「教頭だ」と言うと、「ぶん殴ってやる！」と息巻いた。

「三日前に抗議に来たが、調べてから連絡すると約束して何の音沙汰もないから今日抗議に来た！」

「お父さん、生徒指導係は私です。教頭は学校で一番忙しく、忘れていたと思います」と諭した。これで何事もなく済んだ。

学校の諸々の話で盛り上がり、しばらくして帰り際、「先生、また来るよ」と言うので、

「お父さんが来ると学校が騒然となるので、もう来ないでいただけると……」

「先生よ……」

しかし、沢山のお土産を持って遊びに来るのであれば大歓迎と言うと、彼らはニコニコして帰っていった。しかし、その後、父親の来校はなかった。

改革半ばの選挙

生徒会活動は、先生方の主導がなければうまく機能しない状態であった。そのため今年は生徒達が自主的に運営していける勇気、能力のある人材を育成するために人選を進めていた。

選挙が近くなっても立候補する者が出てこない。適任者だと思っている森田香に立候補を勧めた。彼女は驚き、「自分にはそのようなことはできない」と再三断ったが、

「香は、先生から見て、才能、能力、知恵がある。教科の勉強も大切だが今は友達を沢山作って皆と協力することを学ぶのも大切なことだ。難しい問題が起こったら、先生のところに相談に来なさい、協力する」

香を説得した。香は渋々立候補を承諾した。

困ったことが持ち上がった。対抗馬が出てきた。

彼は教科を通して指導してみて、先頭に立って皆を引っ張っていくタイプではない。これは今までの伝統を受け継ぐ者であると思った。

「君が生徒会長に当選したら、生徒会を改善、運営していく自信があるか？」と聞いた。彼は

「自信がある」と。「これまでのやり方では、生徒会は機能しないので覚悟が必要だ」と強く戒めた。

　選挙の前日、校長と話した。

「そろそろ本校も頑張る者が認められる学校に近づいてきたと思ったが、なかなかそうはいきませんね」

「田島先生、まだ無理ですか」

「無理ですね。校則を守ることは窮屈と思っているのか、先生方の意図を理解できない生徒がまだ沢山います」


　そんな会話どおり、立ち合い演説を聞く生徒達の反応を見て、これでは香の落選かと思ったら当たってしまった。

　今までの人生で初めて受けた試練。学業も優秀な香は落選を受け止めることができない。大泣きして帰った！

　先生方や事務方が心配して「慰めてください」と言う。

「落選したからといって泣いて帰るような者は放っておけ！」

「先生、まだ中学生の女の子なんですよ」

「それがどうした、今に落選の意味が分かる」

「とにかく行ってよ！　先生が勧めたんですから」

しつこく言うので、仕方なく香の家へ。

「香、いるか？」

返事がない。

「香、出てこい！　出てこなければ先生が入っていくぞ」

シクシク泣いて出てきた。

「なんで泣いている。よく聞けよ。あなたは学校を今よりよくしようと訴えたけれども、生徒達の中には、勉強、スポーツに頑張る環境を皆で作るという目標がまだ理解できない者が多いのだ。当選した者が言うようにしていては、学校は変わらない、決してよくならない。落選はしたけれども副会長として会長を支え、会長が間違えている時はあなたの知恵と勇気で改めさせる大きな責任があるのに泣いて帰るとはなにごとか！」

自分の間違いに気付き、香の顔が輝いてきた。急いで学校へ戻った。

その後、彼女は生徒会の活動の体験から教師になることを志し、高校教師になった。

墓での三十五日

生徒指導主任になると、生徒指導にてこずっている若い先生方が相談に来た。A君が親を交えて何回も教育相談したが不登校がなくならないので、担任に代わって指導することに……。

家が我がクラスの安元君の近くなので彼に聞こうと思って、彼の家を訪問した。母親との挨拶も終わらないうちに、父親の顔がみるみる紅潮して、「先生が来ると子供達が世間から問題児に見られる！」と凄い剣幕でわめきたてた。冗談かと思ったら本気のようだし、酔っているのかと思ったがそうでもない。父親の怒りが収まるのを見守っていた。

「お父さん、突然押し掛けてきてごめんなさい」

A君の家の案内に安元の妹を連れ出したが、その妹が泣きじゃくっている。

「先生が悪かった、突然訪問してごめんね……」

しかし泣き止まないので、しばらく見守っていた。

（後で分かったことであるが、私に家庭訪問された生徒は世間から問題児だと思われていたようだ。そう言えば幼稚園生でも先生を知っていると、その時はイジメ、不登校の解消に全力を

あげて問題傾向の者達の家庭訪問をしていた）

「先生が突然現われて、お父さんはビックリしたんだ、ごめん、先生が悪かった」

翌日から安元は校門までは友達と一緒に来るが、忘れ物をしたと言って帰った。不登校になってしまった。

母親を呼び出すと、「先生に会わせる顔がない」とおいおいと泣き出した。

「私が突然現れてお父さんも困惑され、あんなに怒ったのでしょう。すみませんでした。でも、そのことで夫婦喧嘩しては駄目ですよ、子供達が困る。息子が学校に来るようにしてください」

その後、安元は「分かった、明日から行く」と約束したが登校してこない。

「駄目です、先生に会う気持ちが今はないそうですから」

「そうか……しばらく様子を見てみましょう」

それからも彼は相変わらず友達と校門までは来るが、忘れ物をしたとか気分が悪いと言い訳をして帰ってしまう。何度も母親と教育相談しても、彼の不登校は改善されなかった。

（あの父親の言動から考えると、彼は人には相談できないことで悩み、苦しみ、悲しんでいるが、今、手を差し伸べるより自分でこの難局を切り抜けてほしい）

今日は出てくるか明日は出てくるかと待っていた。

先生方が彼の不登校を心配している。心の整理もできていないのに強引に登校させてもよいことはないと思っていたが、これ以上待っても今の彼の立場では不登校は自分で解消できないと思い、家庭訪問した。不在であったが待っていると帰ってきた。

「お前、長い間どこへ行っていた？」

彼は平然と「学校へ」と。

「馬鹿を言うな！　山学校か？」（山学校とは沖縄の方言で学校に行かずぶらつくこと）

一瞬、顔色を変えて睨み返している。

長い沈黙――。

「君がいた場所へ案内しなさい！」

彼に案内されたところは大きな墓の軒下、寂しいところだった。ここで三十五日間も、友達が学校から帰ってくるのを今か今かと首を長くして待っていたのかと思うと、もっと早く指導すればよかったと後悔した。

「君は意志が強い！」

「なんで僕が意志が強い」

ムカッとして怒っている。

「先生は、こんな淋しいところには一日もいられない。しかし、君は長い間よく我慢した。意志が強い、立派だ！　先生は君を見直した‼　皆、強い意志を育てるために勉強、スポーツで心身を鍛えるが、もう君には強い意志ができているので無理して学校に来る必要はない。ただ残念なのは、この強い意志を世のため、人のために使ったら、父母を喜ばせ、人様に感謝されると思うが、今、君が進んでいる方向は違うと思うのだ。しかし、先生が君を認めるから卒業のことは心配するな。校長、先生方にお願いしてでも卒業させてもらうから」

彼がすかさず、

「先生、明日から学校へ行くから！」

「無理をするな」

「なんで僕が行くと言っているのに……」

「先生は無理をするなと言っている」

「無理ではない！　僕が嘘をついたらどんな罰でも受けるよ」

彼の心の「わだかまり」が解けたことを感じた。

「それなら二つの約束をしよう。卒業まで休まずに頑張ること、仕事についてボーナスをとったら奢ってくれること」

「いいよ、先生、ボーナスをとったら先生に奢ってやるから」

約束どおり一日も休まず卒業していった。

あれから三十年にもなるが、いまだ奢ってもらっていない。彼が成功してないのかと気になる。

それにしても思わぬところで問題になり、人それぞれ物の見方、考え方があり、視点の違いで多くのことが起こるのだと再認識させられた。

また、彼が休んでいる時、学校行事の85㎞完歩の実践活動の文集を父親に送ったら感動して、「自分の息子が参加できなかったことは非常に残念だ」と電話が来た。私のクラス経営を理解してくれたことに安堵した。

ある娘の再起

親友の紹介で、娘の非行に悩んでいる父母の相談に乗ることになった。

「娘は暴走族になり、二、三日も帰らない日があります。パトカーのサイレンや救急車のサイレンが聞えると、娘の身に何かと……夜もおちおち眠れません」

「娘さんの幼少期はどのような子でした？」

「玩具で遊んでも長く続かない我がままな子でした。私達が悪いです、要求もしていないのに次々と買い与えていましたので。小学校の成績は普通です。中学生になったら頑張ると思ったが、塾もよく休んで先生から注意されていました。このような調子では高校も行けないと注意すると喧嘩になります。次第に大胆になってきました。注意、叱責、説教すると大喧嘩です。娘は興奮して『私がいなければいいでしょう、死んでやる！』と十階建てのマンションの階段を駆け上がっていく足音を聞くと、今に落ちてくるのではないかと、もう生きた心地がしません。今は仕事も手に付かず日夜悩んでいます」

「多くの問題児達に関わっていると、『三つ子の魂百まで』という先人達の格言が人間の生き方の根元を示唆しているのではないかと思うようになってきました。子供の育つ過程を見ないと指導は難しいのではないか。幼少期に甘え、我がまま、過保護に育てられた者は依頼心が強く、困難な状況に追い込まれると自分で困難を克服しようとしないで、言い訳、嘘をついて逃げる。私は、人は幼少期、甘えることができない、我がままを言えないと、満足感、充実感が得られないのではないかと思っている。ケジメなく過保護に育てると、才能、能力を発揮できなくなり、依頼心が強くなり、困難、正義のために挑戦する勇気が育たない、何事に対しても闘うことができなくなるのではないかと思っています。

お父さん、お母さんが、娘は中学生になって悪い友達に誘われ非行に走ったのではないかと思っていたら、今後の指導は難しい！　自分の娘にも大きな問題があるのではないか。問題児と共感するところがあって彼らに近づいて行ったと思わないと、事はうまくいきません。たぶん中学生になったら、心機一転、頑張って親の期待に応えたい志を持っていたと思いますよ。しかし、基礎・基本が理解できてないために授業が分からない、テスト結果が悪い。なにくそ負けてたまるかと頑張ればよかったが、自立心が育ってなかった。挑戦しないで逃げた、楽なほうへ。

いつも楽しそうに遊んでいる問題児を見て、自分から進んで近づいて行ったか誘われたのか分かりませんが、似た者同士は居心地がよいので集まっている、それが現実です。近づいてみて生き方が違うと思ったら離れます。そこで行動を共にしているということは家庭より居心地がよいと思います。

問題は、他人であれば悪さを注意、叱責されると我慢して折り合いもつくが、甘え、我がままに育った親子では折り合いがなかなかつかない。お互いに甘えがあるので。親も今までのしつけ方を反省しなければならない。子供が親は自分のために怒り、悩み、苦しみ、悲しんでいると思わないと改心は難しい！」

「ところで娘に改めてほしいところは何ですか？」と聞くと、

1、夜遊びは止めてほしい
2、暴走族を止めてほしい
3、学校に行ってほしい
4、食事を共にする
5、今の友達とは離れてほしい
6、兄弟の世話してほしい
7、高校へ進学できるように勉強する
8、手伝いをしてほしい
9、不純異性交遊は止めてほしい

……等々！

しかし、沢山要求したら、子供のやることなすことにいちいち小言を言うことになってしまう。うまくいかない！

「この中の大事なもの、三つ、三つだけは？」

「夜遊びはしない。学校に行ってほしい。家族で食事を共にする」

「では、それ以外は見て見ぬ振りをする。今から実践可能であれば、実践してください。それと夫婦の意見が一致しなければ、この方法は絶対にうまくいきません。それなら初めからやらないほうがいいです。

三か月間、徹底して試みる！　帰ってきたら、今までのように誰と遊んでいたかとか何をしていたとか問い詰めない、絶対に！　娘が帰るのは、自分が親に甘えて助けを求めているのに気が付かない。自立できてないで依頼心があるから甘えて帰る、つまり残念ながらそこまで成長してない。鎧に身を包み、親の怒りに反撃しようと身構えてくる。その時は優しく、『おかえり、お腹が空いてない？　食事を先にする、それとも風呂を先にする』と、これ以外は何も言わない。

今後は、娘が自分のことは自分で決めるまで黙っている。この間は親も不安で悩むが、娘は今までと勝手が違うので親以上に悩む。その時は成長していると思ったらいいのです。沈黙は金なりです。きっと、娘は今までと勝手が違うので、『お父さん、怒っている』と聞くでしょう。『あなたのことが心配で夜もあまり寝てない』とささやくように言う。

今までのように出て行こうとしたら、中学生が夜遊びや暴走族になるのは絶対に許さないと心から怒る。それでも出て行くのであれば、今までのこづかいの何倍も上げる、娘が驚くほど。そして人様に甘えてはならないと諭す。金を沢山あげたら余計に悪くなるのではないかと心配だと思いますが、仕方ないです。たぶん娘は遊んでいても今までのように面白くないはずですよ。気は休まらないと思います。

娘が、親が自分のことを心から心配して怒っていると思わないと、問題は解決しません。娘が答えを出してくれます。焦らずに待っていたらいいですよ」

三か月ほどして、夫婦は嬉々として沢山のお土産をもって現れた。

「先生、娘が帰ってきました！　学校にも行っています。遅れを取り戻すために頑張っています。あんなにいがみ合っていた父と娘が嘘のようです。今では父と娘が一番仲がいいです」

母親は「一家に平穏が戻ってきた」と何度も礼を言って帰った。

世界で一人

他のクラスの父親が担任の紹介で訪ねてきた。

「子のためと思って幼少の頃から厳しくしつけてきましたが、今では子供の非行に日夜悩まされています。担任と何回も教育相談してきましたが解決できません。それで、我が子に合う情報はないかと、指導書、専門書も沢山調べましたが、よい解決策が見つからず困って相談に来ました」

「お父さん、万巻の本を読んでも、あなたの子に合う、同じ問題の子は見つかりません」

私がそう言うと父親はがっかりした。

「あなたの子の生き方は、世界中で、あなたの子一人です。その子を育てた親もあなた達夫婦です。分かりやすく言うと、お父さんと私が向き合って座っています。二人でこうして座っていることは世界ができて今初めてです。世界のどこにも同じことはありません。

息子の指導法は一つや二つではありません。息子の指導法は無限にあります。今になっては息子の生き方を変えるのは身内では至難の業ですが、息子の指導を改めるには、自分の身近なことから反省してみることです。新しい道を自分達で作るのです。

今までの躾ではうまくいかないのです。子の受け取る思いとお父さんの思いが、どこですれ違ったのか、そのことが理解できないと、子の生き方を変えることは難しい。

子供は親の躾に不満がある、自分の言動が認められていないから不満がある。人は自分の行為、言動が認められないと、不満を持つ。不満の気持ちでは正しいことでも指導はうまくいかないです。

お父さんが息子を認めないところは何ですか？　息子が一番やって許せないことは何ですか？　その一つだけ、駄目なことは駄目、絶対に許さないと言って、それ以外は目をつぶってみてください。

今まではお父さんが子供を仕切ってきたと思いますが、今度は息子に自分を仕切らせ、考えさせることが大事です！　息子が自分のことは自分でよく考えて決めることだと気付かないと、問題の解決は難しいです」

この父親が再度来校しなかったことは幸いであった。

■終　章

私の考える教育とは

イジメについて

人類が誕生して、集団生活をするようになって、今までイジメのない時代はなかったと思う。私の職場でも、生徒達の前では「イジメは絶対に駄目」と諭しながら、先生方に無理難題を押し付けてイジメをしている者もいる。その者は、自分は有能な先生（管理者）だと思っているので恐ろしい。そしてそのような者は、自分に協力する者を味方に、意見や指導の方法が自分と違う者は排除する。

しかし、有能な管理者は、未熟な先生方が経験不足で生徒指導、保護者の対応等に悩み苦しんでいる時、解決策を教え、示唆を与えて自信を持たせる。

研修会で、県の指導主事が「イジメはすべてイジメている者が悪い」と説明した。若い先生は、イジメられる者にも責任があると思っているので反論した。主事は「先生方がそのような考えの指導者だからイジメはなくならない」と言う。

納得がいかない。

「田島先生はどう思うか」

私も今までイジメられる者にも多少の責任があると思っているので、明確な答えがない。長い間思案した……。

気が付いた！　イジメられる者は、イジメに遭う「隙」を作ったのではないか。そうであれば、イジメられないためには「隙」「原因」を作らないように、イジメられている者も指導すべきではないか。自分では隙ではないと思っていても、相手から見たら利点も欠点も隙かも。


イジメをなくすのは実に難しい。

私達の幼少の頃は、遊ぶ時は異年齢の者達が交ざって集団をなしていた。当時は保護者が子供達の遊びや仲間に関わることはほとんどなかった。また、昔は保育所も幼稚園もなかった。だから先輩達から遊びを通して諸々のことを学んだ。

腕力に自信がある者はよく喧嘩をした。言葉で言い争い負けまいと声も大きくなり、相手をののしった後は殴り合い、取っ組み合いの喧嘩になる。泣いたら負け。悔しくて負けを認めないと先輩達がその者を絶対に許さない。これがルール！　先輩達の立会いの下での喧嘩で致命傷を受けるようなことはなかった。

物心がついた時には学力も喧嘩の強さも順位が決まっていた。心のわだかまりも吐き出しているので心身も健康であったようだ。

時代は変わった。今は大人の目線で物事の判断をする。喧嘩は駄目、意地悪は駄目、物事の判定基準を決めている。幼少の頃から大人が関わり、喧嘩もしたい、意地悪もしたい、反論もしたいが、親、先生の躾を守るよい子だと褒められると逆らうのが難しくなる。そうなると納得のいかないことが蓄積して突然爆発、キレて世間を騒然とさせているのではないか。


多くの問題児達に関わって気付いたことがある。

皆、甘やかされ、我がまま、過保護に育った者は、幼少の頃から欲しがりもしないのに遊具を与えられているので遊ぶのも長続きしない。物を大事にしない。後片付けをしない。物事に集中できない。

勉強、スポーツ、手伝い等々に関わる年齢になっても、親が勉強しなさいと言っても難儀なこと、自分に都合の悪いことを避けてきたので、耐えて物事を成功させた充実感、満足感が乏しいので頑張らない。難しくなると諦めて投げ出す。

このように育った者は、小学生になる頃には皆、学校は大好きと言うが、二、三年生になると、先生に注意、叱責、説教されているうちに、自分の行為が悪く評価されていることが分かる。学校も先生も大嫌いと言う者もいる。

また、兄弟姉妹、他の者と必要以上に比較、評価された者は、物事を批判的に考えるようになって猜疑心が芽生え、心の満足感、充実感、正義感が育たない。自分のすべきことから逃げる。益々他に遅れ、他人のすることが気になる。

自分も挑戦する気になればいいが、その壁を超えるのは至難の業である。難しいことになると諦める癖がついているので逃げる、言い訳をする、嘘をつく。他者のやることがいちいち気になる。そして嫉妬であるイジメに発展するのではないか。

また、こういった者の指導は非常に難しい。その者の優れている才能を認めてあげて、その才能を育てることが大事である。

もう一つは放任である。多くの者が無知による悪さを繰り返していても、道理を理解できることで立ち直る場合が多々あった。

臭い、汚い、泣き虫、のろま、知ったかぶりをする、威張っている、悪口を言う、嘘をつく、目付きが悪い、自分より優れている等々でイジメは起きる。このようなイジメは同級生に対することが多い。また部活動等では、先輩が下級生にイジメをするが継続性は少ない。

ところが、長い間荒廃した学校では、金銭せびりによるイジメ、暴行によるものもある。このようなイジメは、イジメをするのが目的ではなく、「金を搾り取る」のが目的である。上級生が下級生に、金を貸せと、または金を持ってこいと、金を持ってこないと「どうしてオレの言うことを聞かないか」とイジメ、暴行する。

初めは金額も小さいが次第に金額も大きくなり、金の工面ができなくなると親の金をかすめる、友達に協力を求める、店のものを盗む。それでも対応できないとイジメる者に合わないように遅刻をする、捕まらないように午後は逃げる。しかし、捕まるとどうして金の工面をしないかとイジメ、暴行が大胆になる。

金の工面ができないで逃げ回っている時の悩み、苦しみは誰にも言えない地獄である。そして最終的には不登校になる！

このようなイジメをする者達は、先輩達や自分達と同じように、意志の強い、苦難に耐えることができる後継者を選ぶ。決して親、先生に密告しない者が、自分達の跡を継ぐ者として選ばれる。

万一、その者が、親、先生に告げる（密告する）とその非難や仕返しは計り知れない。裏切り者の烙印が付く。弱虫、意気地なし、と。自分達はそのような苦難に耐えてきたのに君はそのぐらいも耐えられないのか、と誹謗中傷され、裏切り者と制裁されることを知っているので抵抗するのは年頃の中学生には難しい。

金銭せびり、イジメに遭っている者は、自分達の時代、「天下」が来るのを指折り数えて耐え忍ぶのだ！　自分の天下が来ると、自分が悩み、悲しみ、苦しみ、地獄を見たことは下級生にはしないでおこうとは思わない。自分が取られた以上の金を取り戻すために、金を持ってこいとイジメ、暴行する。下級生が自分と同じように悩み、苦しんでいるのを見て、自分の受けた敵を取ったと喜ぶのだ。世間が思うほど悪いことをしたとは思わない。自分達がされたことをしたまでだ、と。

このようなイジメは長い間荒廃した学校の姿である。イジメている者、逃げ回っている者は、学習を怠り、才能を発揮することはできない。大人になってから気付いても手遅れである。保護者、教師は早くそれに気付き、改善のために頑張るしかない！

日頃から人の嫌がること、理不尽なことは許さないという気概、雰囲気を持つことである。

また、イジメをする者達が言うには、勉強、スポーツ、芸術等々に優れている者をイジメようと思っても、その者の頑張り、努力を知っているので精神的に負けている。難問を押し付けて万一拒否されると、プライド、誇りがいたく傷付くと言う。

私が思うに、拒否されることは嫌なので、初めから理不尽なことをされたら拒否する、暴行されても決して根を上げない、絶対に金を渡さない、そのうち相手が諦めるまで。

また、イジメをする者の物事の判断は腕力が強いか弱いか、ばれるかばれないかであるので、腕力が強ければある程度身を守ることができるのではないか。

イジメをする者達に、「君達はプライドも誇りもないので、恥ずかしい、理不尽なイジメをしているのではないか」と聞くと、皆怒って、「誇りもプライドもある」と言う。つまり、彼らが一番欲しいのは、誇り、プライドかもしれない。

イジメから立ち直った者達が言うのだ、「先生、初めから駄目だと闘えばよかった」と。「初めは理不尽なことはこの一回で終わりだと思ったのに、彼らの悪だくみの始まりだとは知らなかった、悔しいです」


家庭に不平不満があると、そのはけ口としてのイジメもあるのかを考えてみる。

子供を育てるには四、五歳頃までに物事の判断を、正しいことか悪いことかで判断できるように育てる。その大切な時は、駄目なことは駄目としっかりと子供に伝える。駄目と言って後でよいとしたら信用を失うことになる！　子供から見ると、親はその時の気分で物事を判断する気分屋で、甘え、我がままができる親だと思ってしまう。親の顔色を見て物事を考える、相談するようになる。

学校での一例を挙げてみる。

清掃活動は怠け者にとって難儀な仕事である。活動しているように見せて真剣に活動しないので、初めのうちは私が教えながら共にやる。先生が見ているのでイヤイヤながらも我慢しているようだ。しばらくすると清掃活動が習慣になって「先生、自分達でやるから来るな」と生徒達から提案が出る。このことを皆が賛成であれば生徒達に任せる。

こんなこともあった。

ＰＴＡ活動で、トラクター、草刈り機、鍬、鎌等々を持ち出して、グラウンドの草刈り、壁の修理、庭園の手入れを完璧にしていた。私には違和感があったので、ＰＴＡの係りになった際、役員に、

「鍬、鎌、スコップ等、余分に購入してくれませんか。各々一クラス分ぐらい」

「ＰＴＡ作業はいつやるんです？」

「保護者の皆さんは仕事で忙しいようですので生徒にさせます。生徒ができないものは改めて皆さんにお願いします」

「先生、子供達は何もできませんよ」

「今は何もできませんが教えますから」

「先生、全然駄目です」

「そうです、今は全然駄目です。怪我をするかもしれません」

「それならＰＴＡで作業する」と言い張る。話は堂々巡りである。

「皆さんが十のうち十やるより、子供達に五、六ぐらいさせますから」

「先生、それでは清掃になりません」

生徒も問題だが保護者も問題だ。話し合っているうちに腹が立ってきた。

「皆さんは孫が生まれたらおじいさん、おばあさんとして清掃作業に来るつもりですか？」

皆、黙ってしまった（怒ったのか、納得したのか……）。

鍬の使い方、鎌の使い方を基本から私が手本を示して教え、生徒達にさせてみた。初めはぎこちなかったが次第にうまくなってきた。生徒ができるものは生徒にさせた。

このことが充実感になって自信を持つ。何より人の顔色を窺わなくてすむ。認められる時もある。それは人が決めることであるので気にする必要はない、大切なことは自分がやったと満足すればいいのではないか。そのようなことに気が付いて、今までは人の顔色を気にしていたが、そんなことを気にしなくてもいいことに気付いてくれればよい！

結果、これが自主性となり、私の小言も少なくなり、クラスは変容し情緒が安定して、イジメや暴力事件がなくなる。

三十五年余りの教師生活を振り返ってみると、私に反発、反抗した者もいるが、我がクラスの生徒間でイジメ、暴力事件で指導した記憶がない。

イジメられている者の指導は非常に難しい。いつ、また、イジメに遭うのではないかと不安が先走る。

そんな時私は言うのだ、「仕返しをしよう、敵を取ろう」と。

「先生、馬鹿なことを言っては駄目だよ、腕力がないからイジメられているのに」

「敵を取る何かよい方法はないか？」

しばらく考えても「よい考えが浮かばない」と言う。

「先生も明日まで考えてくるから、君も考えてこい！」

そして次の日。

「よい考えが浮かんだか？」

「ない、分からない」

「先生も考えてきたが、今、君をイジメていた者達は油断して勉強、スポーツに怠けて頑張らない。君の才能ならきっと彼らに負けない。彼らが羨むぐらい勉強して見返してやれ！　君ならできる、頑張れ‼」

彼が自分の弱気を乗り越え、才能に気付いて今まで以上に頑張っている姿を見て指導が成功したと思う。

どうしてもイジメに我慢ができない時は、負けると分かっている喧嘩でも誇り、プライドを守るために負ける喧嘩もする勇気が大切なことではないかと思う時がある。しかし、腕力でやる喧嘩は小学校の低学年まで。腕力が付くと被害が大きい、何より心が育たない。

私の小学生の頃、歩くのもままならない同級生がいた。彼は負けると分かっている喧嘩をしていた。しかし、たまに勝つ時があった。それは相手を捕まえたら噛みつく。彼の武器は口だけ、なんで負けると分かっている喧嘩をするのか、長い間疑問であった。それが誇りとプライドを守るための闘いであったのだ。

生まれた時から、保育園、幼稚園、小学校、中学校、高等学校を卒業するまで、イジメは厳しく指導され、駄目なことだと教えられる。そして子供の時は周囲に守られて育ち、社会人になったら自己責任となる。私が思うに、人間は動物だから、巣立つまで（成人するまで）はいろいろな体験をさせるべきだと思う。

私の孫は一歳違いの姉と弟がいるため、物心ついた頃から玩具、食べ物等の取り合いで喧嘩が絶えない。初めは言葉で相手をののしっているが、それではお互いに納得がいかない。そのうち手が出る、足でけり合い取っ組み合いの喧嘩。親は見かねて止めろと厳しく叱る。しばらくすると、お互いに納得がいかないのか、また喧嘩を始めるが、疲れたのかいつの間にかお互いに何事もなかったかのように折り合いをつけて遊んでいる。

このようなことを繰り返すうちに、相手にどの程度のダメージを与えたら喧嘩になる、この程度なら許されることを理解するようになるのではないかと思うが、昨今の競争社会では、幼少の頃から学力、スポーツ、芸術等々、相手より一歩でも先んじるように育てられているので、納得のいかない厚い壁に突き当たった時、耐えて我慢するとか、折り合いを付ける雰囲気が分からない。また、やり返す気概の体験が少ないので対処が分からない。だから突然キレたり、引きこもりになるのではないかと思うこの頃である。

私なりの解決法として、孫達には難しいことにも挑戦させ、失敗させて悔しい思いを沢山させて、耐える力、折り合いを付ける力を育てるほうが、社会に出た時に役立つのではないかと思うので、孫には失敗しろ、失敗して打たれ強くなれと教えている。

つまり、イジメをなくす方法は「答えがない」と言うしかないのである。

喫煙について

中学校、高校生の喫煙の動機は、友達に誘われたとか、先輩に強制されたとか、映画で喫煙している俳優を見てかっこいいとか様々である。

喫煙の常習者の指導に我々教師は難渋した。その者達は意志が強いのか、はたまた意志が弱いのか、だらしのない者なのか……。「二度と喫煙をしません」と約束しても守らないのだ。

その指導の事例を挙げてみる。

〈事例1〉

生徒達はタバコの害について知っている。しかし我々教師は、喫煙の害についてくどくどと何回も何回も説明をする。

彼が怒ってきた。

「先生、俺がそんなにバカに見えるのか！」

「何のことだ？」

「一度言えば分かるのに頭にくる！」

悪いことをしたので叱られて当然だと反省していても、入れ替わり立ち替わり先生方に何回も何回も喫煙の害について同じような説教をされると、馬鹿にされたと頭にきて、絶対に止めるか！　と思うと言うのだ。

「それで、君は喫煙を繰り返しているのか。先生が思うに二度と喫煙はしませんと約束して守らないのは、喫煙するより悪い！　素晴らしい才能がありながら悪さを改める勇気がなくて、自滅しているように先生には見える。誰が見ても君が悪い。君は意志が強くて抵抗しているが、悪さを改め自分が目指している夢を叶えるために頑張れ！」

彼が二度と喫煙で指導されることはなかった。

〈事例2〉

担任が指導に難渋して生徒指導主任の私のところに来た。

「保護者を交えて何度指導しても直らないです。どうしたらいいですか？」

私が替わって父親を呼び出した。すると父親が息子に向かって、「仕事が忙しいのに、タバコの件で何度も呼び出しされるのは困る。家では吸ってもいいが学校では吸うなと言っただろう！」と怒っているのだ。

息子にはクラスに戻るように言って、

「お父さん、今、息子に何を言っているか分かりますか？　お父さん、あなたは見つからなければ悪いことをしてもよいと教えていますよ。喫煙より悪いことを教えています。あとで息子に恨まれます、信用を失います。お父さんが考えを改めないと、息子の教育や指導はできません‼」

父親は非常に驚き、

「先生、すみません、私が悪かったです。これから私はどうすればいいですか？」

「言い訳は駄目です！　正直に、『家ではタバコを吸ってもいいと言ったがお父さんが間違っていた。悪いのはお父さんだった。すまない』と謝ってください」

彼の息子が二度と喫煙で指導を受けることはなかった。

〈事例3〉

喫煙の現場を見つかったが、通称ボスは「自分は吸っていない」と言い張った。先生方も彼の自信に満ちた対応に負け、いつも彼は難を逃れていた。

今日も、先生方はこの者が吸っていると思って、叱責、説教しているが、自分は喫煙してないと言い張っているので、喫煙してない私が彼の指を嗅いだ。ニコチンのにおいがするので、一言、「このにおいは一日に二十本は吸っている」と鎌を掛けた。彼はビックリして、「先生、一日に二、三本しか吸っていません」と言い訳をしている。

「分かった、保護者を呼ぶ。停学二週間だ」

彼は非常に驚き、「先生、親を呼ばないでください、体罰をしてください」と哀願しているではないか（当時は体罰は指導の一つだった）。

「駄目だ、親を呼ぶ。君は、友達が何回も何回も補導されて指導されているのに、恥もプライドもなく、友達を裏切り言い逃れを平気でしているが、これは喫煙するより悪い！　たぶん、友達の信用も失っているだろう。先生だったら君みたいなズルイ奴は友達にしない。それに君はきっと病気になったら、『田島は自分ではいい先生みたいなことを言っていたが、あの時、自分の喫煙を止めさせてくれたらこんな病気にならなくて済んだのに』と思うだろうな」

どうしても親を呼ばないでくださいと哀願するので、ビンタを張った。

その後、彼の友達が来て「先生、あいつ、初めから吸っていると言えばよかったと言っているよ」と。

友達を裏切ったことに気付いたのか、喫煙の害に気付いたのか、どちらにしてもよかった。彼らが喫煙で指導されることはなくなった。

不登校について

事務方から不登校生の指導を再三お願いされたがお断りした。学年も違うし生徒も知らない。担任の指導がどのようになっているのか、越権行為はできないと断り続けた。

しばらくして、また相談に来た。

「彼の不登校のために夫婦喧嘩が絶えず、一家離散の状態です。指導の過程でどのようなことが起こっても、先生には一切責任は負わせません」

と哀願されて重い腰を上げた。

家庭訪問して、母親に不登校の原因を聞いても、子供は何も言わないので知らない、いつも自分の部屋に閉じこもっている、と言う。

二階の彼の部屋へ。彼は毛布にくるまって寝た振りをしているので、

「お前、先生が来ても挨拶もできないのか」

ゆっくりと起き上がった。

本棚に『北斗の拳』がズラリと並んでいるので、「先生も北斗の拳のファンだ」とケンシロ

ウが話題になった。

「先生の五歳の息子がケンシロウの足が沢山あると言うのだ。足の速さを表すためにあるのにな」

二人で大笑いした。ケンシロウの活躍が素晴らしいとか、あの体と筋肉の話で盛り上がった。打ち解けていい雰囲気になっているので「先生に全巻貸してくれないか」と頼んだ。兄の許可がないと貸せないと言う。

「そうか、仕方がないね」

側に立派なラジオがあった。

「このラジオはどこで買った?」と聞いたら、量販店で買ったと言う。「先生はメカに詳しくないので一緒に買いに行こう」と誘った。行くと言う。

彼は身支度をして部屋を出たが階段の途中で自分の立場に気付いて、行かないと部屋へ戻った。ここで初めて「どうして学校を休んでいるの?」と聞いた。

長い沈黙――。

「友達も待っているし、先生も心配しているので、そろそろ学校出ないか」

「先生、明日から学校へ行く」

我が耳を疑った。本気であるのか、この場を逃げるための言動であれば指導は難しくなるが、

「先生が迎えに来るから準備して待っているように」と約束して帰った。

次の日、約束どおり彼の家に行った。しかし部屋の中の彼は、毛布にくるまって昨日より小さくなっている。

「どうした？」と声掛けた。

「学校へ行くと約束した時から腹痛、頭痛で……」

そして私の顔も見ないで「明日から学校へ行く」と……。理由は聞かず、「明日迎えに来るから」と帰った。


また次の日……毛布にくるまって昨日より更に更に小さくなっている。

階下の母親に制服と靴下を持ってくるように告げた。母親は何事が起こるのかと心配して見ているので席を外すように伝えた。

脱力している彼に制服を着せ、靴下をはかせるのに苦労した。

「さあ、学校へ行こう！」

彼が先になって階段を下りた。突然、四、五段ほど飛び下りて走り去った。

外に出た様子がないので、母親と部屋を捜したがいない。トイレにも。風呂場が内鍵が掛かっている。空になった風呂桶に潜んでいるようだ。「出てきなさい」と何度呼び掛けても出てこないので、母親にトンカチを持ってくるように告げた。「出てこないとガラスを割って入るぞ！」と厳しく忠告した。

彼は観念して出てきた。「自分で学校へ行くと約束して守らないのは許せない」と初めて叱責した。

彼を抵抗もなく車に連れ込んだ。私は車のドアを力一杯叩きつけた。

（彼とは一回きりの指導になるな……）

学校に向けて車を走らした。バックミラーには母親が心配して見送っている姿があった。

彼は学校が近づくと助手席からずり落ちて外から見られないように身を隠した。車を反転させて学校と反対の方向へ二、三キロ行くと、ゆっくりと起き上がって座った。車をまた反転させて学校へ向かった。今度は静かに座っている。あいにく小雨が降ってきた。

車から降りても歩こうとしないので、二人三脚のように歩こうとするが、抵抗して座ろうとする。

「お前、ここで座ってみろ、あとでどうなるか分かっているだろうな！」

と一喝した。引きずるようにして保健室へ、養護教諭に彼をお願いして、私は授業へ。

二時間後、保健室へ。逃げていたら今後の指導は非常に難しくなるが、彼は逃げずに悩みと苦しみに耐えていた。養護教諭が「ハンカチで顔を隠して二時間も同じ姿勢でいる」と。

「どうして顔を隠している？」

黙っているので、

「顔を隠すのは亡くなった時とか、悪いことをして警察に捕まった時だが、君はどっち？」

「どちらでもない」

「それではハンカチを取って堂々としなさい‼」

ハンカチを取って私を正視しているのを見て指導は終わったと思っていたら、担任と四、五名の友達が給食の時間だと迎えに来た。拒否すると思ったら素直に彼らについて行った。この時を境に不登校は解消した。

彼の不登校の原因が何であるか知らない。皆、不登校の原因は違うので、本人から進んで言わないと無理に聞かないことにしている。不登校の者のプライドを守るために——。このように一日だけ登校させることができたら、多くの者の不登校は解消することができる。

そして家庭に平和が戻ってきたと、母親が沢山のお土産を持って挨拶に来た。

危険！　夏休み明け

我々教師は、長い夏休みの生徒達の動向が非常に気になる。私は生徒指導主任として、二学期の始業式は特別の日と思っている。

事件、事故に遭ってはいないか、期待と不安で生徒達が待っている体育館へ急ぐ。日焼けした元気な顔で迎えてくれることを期待して、今までであれば三三五五集まって再会を語り合っていると思ったが違う雰囲気である。多くの者が静かに後方の集団を注視している。そこに目をやると、男生徒が二重三重に取り巻いている輪の中心に大声で奇声を上げている異様な男生徒を見て驚愕した!!

中心にいる彼に足早に歩み寄った。全校生徒が見守っている。日頃から私の指導が厳しいことを知っているので、今から始まる指導に息を殺して注視している。

その者は髪を三色に染め、深々とソリをいれ、ダブダブのズボンに切り詰めた上着。

「オイ……そのかっこうはどうした」

彼も覚悟の出で立ちであるので大声で、

「僕の勝手だろう‼」

「何がお前の勝手か！　この学校は君達の学校だが君だけの学校ではない‼」

負けまいと肩を怒らせ、私を鋭い目で睨み返している。

「学校には校則がある。指にはめてあるギンギラの指輪を取れ‼」

「取れない‼」

「はめたものが取れないということがあるか、早く取れ‼」

「取れないと言ったら取れない」

「本当か？」

「取れないと言ったら取れない‼」

「分かった」

二人の対決を見ている山城君に台所に行って包丁を取ってくるように告げた。彼が走って行くのを見て、

「包丁で何をする？」

間を置かず、

「入れた指輪が取れなければ、どうせ安物の指輪だろう。成長期の君達の指であれば、益々指輪は取れなくなる。指が腐ってからは手遅れだから、先生が関節できちんと指を切って指輪を

取るから、急いで病院に行って指をつないでこい‼」

彼は指を口に入れ唾をつけて指輪を抜いた。

私はカッとなり往復ビンタを張った。彼もこのような姿では先生に罰されることは覚悟で来ているので、「もっと殴れ、殴れ」と挑発している。全校生徒が見ているので体育館の外へ連れ出した。

今まで生徒達には、駄目なものは駄目と教えてきたし、彼も私の厳しさを知っているので、包丁で指を切ると聞いた時は本当に指を切られると恐怖を感じたのであろうか。

（夏休み中にここまで荒むとは、家庭で何があったのか？）

「その服装で学校へ行くのを見ても、親は何も言わないのか？」

「関係ないだろう‼」

「関係は大いにある‼」

「関係ない‼」

「君が勝手なことをして事件事故を起こしたら、未成年の君の責任はすべて親にある」

「関係ないと言ったら、ない」

興奮して指導もできないので、組み伏して往復ビンタを張った。

「もっと殴れ、絶対に負けない！」

悪さをして反省しないで、負けないとは何という馬鹿者。

「負けない‼」

「先生は君が悪くなるのを見逃すことはできない、絶対に許さない‼」

「絶対に負けない！　先生は君の服装違反、反抗的な態度は許さない」

「殴ればいいだろう‼」


しばらく同じような問答が続いた。説得できないので視点を変えることに。

「君には、弟、妹がいるよな。弟、妹にも自分と同じように、先生の言うことを聴くな、勝手なことして問題児になれと教えるのか。それとも、そんなことは絶対に許さないと、先生みたいに怒るのか。どっちか言ってみろ！」

涙声で「先生みたいにします」と、そして大声で泣き出した。

彼の気が済むまで泣くのを見守った。先ほどまでの鋭い目付きは消えていた。

「今日は休んでいいよ」

彼はトイレで三色に染めた髪をキレイに洗い流し、教室へ戻った。何事もなかったかのように授業に参加している姿を見て安堵した。

担任が心配してきた。

「親から連絡は？」

「何もないです」

「あれだけ校則違反をし、連絡がない？」

「今日のことは連絡したほうがいいですか？」

「親に連絡しても躾などできないだろう。彼も反省しているようだし、しばらく様子を見ることにしよう」


その後、私の関心は、彼の私に対する態度がどのように変わるかであった。彼が勉強にスポーツに頑張っている姿に安堵した。先生方の心配をよそに何事もなく無事に卒業した。

結局、親から何の連絡も相談もなかった。このような親を見ていると、子供より親に問題があると分かる。このような身勝手な親が近年多くなったように思われる。時代の変化か……。

指導について

生徒達と長い間関わっていると、いろいろな場面に出合う。その一つにルール（校則）違反した彼らの生活習慣や生き様に出合うことである。

教師としては生徒達の悪い生活習慣を改めさせて、彼らの素質、才能のよいところを引き出そうとすると、生徒は今までの自分の生活習慣を変えるのは嫌なので抵抗する。指導に困ることがある。

ひと昔前は、悪さを改めさせるために叱責、説教しても悪さを繰り返していると、指導の主な方法としての体罰は、学校においても家庭内でも社会的にも公認の域であった。学校で先生に体罰される、親にも体罰されることもあった。生徒達も悪さをすれば、心身を鍛えるための体罰を受けるものだと心の準備ができていた。しかし今は、体罰は学校でも社会的にも認められないので、指導方法の主なものがなくなり、家庭でも学校内でもその対応に苦慮しているのではないか。

生徒達が抱えている問題に対応するため、本来、生徒一人一人の能力や生活習慣に応じて指導が違うのに、指導する教師が知識や経験がないと困惑する。昨今は優秀な学歴の先生方が教師になっているが、幼い頃から悪さをする問題児達に出会っていないのか、どうして悪さをする時はばれないように隠れてするのか、悪事がばれたらどのように弁解するのか、どうして悪さを繰り返しているのか、どのような罰を受けているのか、自身の肌で感じとる経験が乏しいように思える。だから適切な対処が分からない。

人間は自分の実体験からの「物差し」を持っているので、「校則」を自分の物差しに当てはめて指導しようとする。しかし物差しの「幅」が生徒達に理解されないとトラブルになってしまう。

問題児と言われている者と接する場面で、恐ろしい、悔しい、恥ずかしいと思っているプライドの高い者は、何度か指導しているうちに改心して立ち直ることができる。このように、自分の本心に正面から向き合い、自分の行為（言動）に気付いた者達は問題児ではない。自分の心の叫びが何であるか、その答えを探している心の一時の迷いであることに気付く。

超問題児は、恥ずかしい、悔しい、恐ろしい、痛いのに何回も耐えているので、指導すればするほど、親、先生方、社会に歯向かう。彼らの指導は非常に難しい。なぜなら彼らは自分の悪行を知りながら、親に反感を持ち、先生に間違った評価されて罰せられたと自分の行為を正当化しようとして蛮行をするから。

その者は、弱い者を痛めつけ、約束を守らない、人を騙し裏切ることが平気でできる。その蛮行を見て、親、先生方は無知による蛮行と勘違いして対処療法で何回も指導する。彼らから見ると、一回言えば分かるのに同じことを何回も言ってアホらしく思い、親、先生方を見下している者もいる。そしてこの者達は、親、先生方に仕返しをして反社会的な言動を繰り返す！ここまで問題がこじれると、身内（親）では指導は非常に難しい。他人であれば納得のいかないことであっても我慢して折り合いをつけるが、親子ではお互いに心の奥の奥に甘えがあるため折り合いをつけるのは難しい。

私はこのような者の指導は、一度で指導できないと改心させることは非常に難しいと思っている。今までのような対処療法では指導は非常に難しいので、彼らを指導する時は、なぜそのような言動をするのか、心の悩みの「原因」は何か、悪さの原因が身内か友人か先生か、社会正義の闘いと思っての反社会的な悪行なのか……彼らの言動が理解できるまで、諸々の悪さを見て見ぬ振りした。

彼らが悪さで弁解できない状態になるまで待ち、悪さが露見して弁解できない状態になると、「このような悪さを繰り返していると人に忌み嫌われて生きることになると思うが、君はどのように思うか」と厳しく問い詰める。この時、親、先生、友達が原因であってもその原因は問わない。

「先生は君を見て、今のような校則違反の悪さを繰り返していると君の人生はどうなるか、予想がつく。今はヤケクソになって、どうせ俺はダメな奴と思われているからと諦めているのではないか。それに反発して正しいことをして見返してやるという気持ちは君にはないのか。これほどの悪さをする才能、知恵をよい方に使ってみろ。今、君が将来なりたいと思っているものになれると先生は思う。心を入れ替えて一生懸命に頑張れば、人様に感謝されて人生を生きることができると思うが、今のように忌み嫌われて生きるのも君の人生、人を助けて感謝されて生きるのも君の人生。それを決めるのは親でも先生でもない、君自身だ！　よくよく考えることだ」

彼の可能性を最大限に認めて示唆を与えて、あとは本人の改心に期待するしかない。

親になる年頃になると、自分の人生が間違っていたことに気が付く。同級生の成功を見て「自分も頑張ればあのぐらいのことはできたのに」と思っても手遅れ。後悔させないために厳しくしてきた。

このような指導方法で多くの成果を上げることができたと思う。

おわりに

Y中学校で、この生徒がクラスにいるとクラス経営はできないという問題を抱えた生徒を引き受けることにした。時を経て、彼は国立大学を卒業して高校教師である。

そこで、彼が私との関わりで変容していった指導過程を実践録として書いてみたがどうだろうかと、妻に読んでもらった。妻が二、三度読み返していたのでかなり感動したのかと期待して返答を聞いた。しかし、妻いわく、

「あなた、何が言いたいの？　あなたの指導法は今の時代に合わない」

高揚していた私の意気込みは無残にも谷底へ。今まで多くの問題児を改心させた自負があったので残念！　結果、夫婦喧嘩である。そして、すべての原稿は段ボール箱で永い眠りにつくことになった。

それから三十年、勤務していた中学校で学校改革に協力してくれた生徒達二十名余りが、私と当時の副担任を一日観光に招待してくれた。

その中に松田賢二がいた。彼との関わりはとても深いので気になって、後日、彼の家を訪ね

た。彼はなんと百二十名余りの会社の社長になっていた。母親が、
「あの時、先生が指導に来なかったら、本人は暴力団員になっていたと思っています、今、親子三代一つ屋根の下に住んでいるのは先生のおかげです。当時の指導したことを書いてください」

繰り返し哀願されて、三十年も段ボール箱に眠っていた原稿が文芸社の協力で日の目を見ることになった。しかも、石垣和服はじめ出版費用を教え子達が出すという申し出まであり、感謝感激である。

思えば、過保護、過干渉に育てられ、自分の気に入らないことを拒否して勉強をしなかった五年生の私に、初めて文字を教えてくれた中村孝先生。

そして、私が大学を卒業する時、担当の教授が「君の好きな所に行きなさい」と差し出した紙には社名が九社も書かれており、
「先生、私は沖縄に帰りますが、あと二、三年勉強して沖縄に帰りたいので、東京大学の付属の研究所に行きたい。給与はどのくらいもらえますか？」
「それでは大学院に残れ。君の食い扶持ぐらいは何とかなる。農学博士は難しいが医学博士は取れる」

そう言って、過分に評判してくださった明治大学農学部教授の岩本浩明博士。
このお二方にこの本を捧げる。

妻の香代子は私の足を引っ張ったり、勇気づけたり、私を成長させて出版までこぎつけてくれたことに感謝、感謝である。

私が問題に行き詰まった時、視点を変えたことによって幾多の指導方法が、各人の問題解決の糸口の参考になれば幸いである。

最後に本のタイトルについて、独り言のように五、六案言っても何の反応もなかった家内が、「闘って、人生を得よ！」と言い終わらないうちに、「あなたにピッタリ！」と初めて意気投合したため、このタイトルになった。

二〇二四年五月

田島　清

著者プロフィール

田島 清（たじま きよし）
1938年7月13日、沖縄県糸満市にて出生
糸満高校、明治大学農学部農産製造学科卒業
卒業後、沖縄ヤクルト株式会社に入社
１年後、沖縄県内の教職に就く
中央高等学校に理科、化学担任として18年間勤務
与勝第二中学校に５年、北中城中学校に５年、寄宮中学校に５年（専任生徒指導主任として４年）、勤務
その後、小禄高等学校、石川中学校、浦添中学校、児童センターと計10年余り勤務
スポーツや部活動、学校行事は35年間一度も欠かさずに参加し楽しむ
趣味として陸上競技を続け大会などに参加
第１回全日本マスターズ陸上競技大会に沖縄から１人参加（41歳）
第４回世界マスターズ陸上競技大会（ニュージーランド）に日本代表として沖縄から初めて参加
沖縄県マスターズ陸上競技連盟結成
全日本マスターズ陸上競技では、走り幅跳び、100 mハードル、５種競技、10種競技で日本新記録を20回ほど樹立
85歳にして週に３日はグラウンドで陸上競技を楽しんでいる

闘って、人生を得よ！

2024年７月13日　初版第１刷発行

著　者　田島 清
発行者　瓜谷 綱延
発行所　株式会社文芸社
〒160-0022　東京都新宿区新宿１−10−１
電話　03-5369-3060（代表）
03-5369-2299（販売）

印刷所　株式会社フクイン

ISBN978-4-286-25429-6